José Aguilera Pleguezuelo

# Las cocinas árabe y judía y la cocina española

José Aguilera Pleguezuelo

# Las cocinas árabe y judía y la cocina española

Diseño cubierta: Luis Ojeda
Diseño y maquetación: Violeta Ruiz
Ilustraciones: Museo de Artes y Costumbres Populares de Sevilla
Archivo del autor


C/ Héroe de Sostoa, 122
29002 MÁLAGA
E-mail: editorial@arguval.com
http://www.arguval.com
I.S.B.N.: 84-89672-96-2
Depósito Legal: MA-54-2002



Impreso en España - Printed in Spain

Imprime Imagraf

# Introducción

Cualquier grupo o comunidad humana es en sí misma una síntesis histórica y cultural, conformada a través de rasgos específicos e irrepetibles a lo largo de los siglos... El organismo vivo que era para Gierke toda sociedad, brinda poliédricas facetas, siempre distintas, pero marcadas en todo momento por la especificidad.

La gastronomía o el arte culinario no es en este aspecto una excepción: la cocina de cada país o región es siempre diferente, aunque intermitentemente afloren en ocasiones rasgos comunes en función de los productos o elementos básicos que la Naturaleza ofrece en un determinado medio físico.

La cocina española actual es la síntesis de tres grandes aportaciones o períodos claves de nuestra Historia que también se dan en otras manifestaciones culturales o artísticas del destino común de la entidad que llamamos España:

1° La aportación clásica, griega y romana.

2° La aportación oriental, árabe y persa, y

3° La aportación del descubrimiento de América con la aparición en el panorama gastronómico español de nuevos productos que ello conllevó.

Entre el primero y segundo período a que hemos aludido, la aportación germánica o celta deja su huella, y, entre el segundo y tercer ciclo se perciben claramente la influencia judía o francesa. El arte culinario español tiene como uno de sus caracteres más acusados el ser ávido y permeable siempre a las innovaciones foráneas.

Casi nunca es fácil realizar en la historia de la gastronomía española la determinación cronológica o datación aproximada de las aportaciones de nuevos productos o su elaboración por los pueblos indígenas o extranjeros. Sabemos, por ejemplo, que los íberos conocían ya el trigo y los derivados farináceos, la salazón del pescado, que luego se enriquecería con el *garós* griego y el *garum* romano. También conocemos hoy que tenían un cierto tipo de bebida fermentada a partir de determinados cereales a la que posteriormente aportarían novedades los germanos. Estrabón tuvo conocimiento de la primitiva bebida fermentada de los aborígenes hispanos que él denominaría *zýtos*. Los cartagineses traerían a nuestro suelo la vid y la extracción del vino.

Serán, sin embargo, los griegos –con nuevos productos y cereales tales como el garbanzo, la aceituna, el aceite y el queso; árboles frutales tales como la higuera, el almendro, etc.; bebidas como la hidromiel y otras–, quienes introducirán en nuestra dieta rasgos inconfundibles que los romanos vendrán a subrayar.

La cocina romana está basada en sabores fuertes: salmueras pasadas, salazones, y, sobre todo, el ajo, el aceite y el cerdo, modas gastronómicas que en el caso del ajo y el aceite habían traído las legiones romanas desde Oriente...

La cocina árabe y, a través de ella, la persa con sus sutiles condimentos y aromáticas hierbas recogidas en el huerto familiar, traerán a España una auténtica revolución culinaria. Desde la Península Ibérica, como veremos en su lugar, esta cocina hispanoárabe influirá en Europa y traerá consigo una hegemonía culinaria que después los nuevos modos de comer productos y sabores venidos de América no harían sino confirmar.

La cocina judía está más integrada en la síntesis culinaria que ya es en esta época –siglos XV y XVI– la cocina de España, pese a que esta cocina hispano-judía ofrezca unos caracteres peculiares derivados de su singular tradición, cultura y *ethos* religioso. Esta cocina hispano-judía, como tendremos ocasión de ver en el correspondiente capítulo, influirá y será influida por la cocina española tradicional.

Los siglos XVI y XVII marcan un período de transición en los gustos y sabores de la cocina histórica española. Esta etapa de nuestra cocina se refleja claramente en las obras de Ruperto de Nola, Martínez Montiño, Miguel de Baeza, etc., así como en la literatura y costumbres de estos siglos. Se va a iniciar en este período una tendencia que se acentuará en los dos siglos siguientes: la pérdida de hegemonía de la cocina española en Europa, paralela al esplendor de la cocina francesa, que toma de la cocina española muchos elementos y productos venidos de Ultramar... El reflejo de esta influencia francesa en nuestra cocina y arte culinario en general es claro en la literatura y las costumbres de la época, así como en el propio léxico del castellano y otras lenguas o dialectos de la Península Ibérica.

La escasez de fuentes sobre la cocina tradicional española salvo notables excepciones, hace difícil una determinación clara de las diferentes influencias. Pese a todo, desde la última parte del siglo XIX y sobre todo en nuestro siglo, son abundantísimos los libros de cocina y recetarios de gastronomía tradicional. Gracias a ellos, al análisis de descripciones literarias o costumbristas, a la crítica lexicográfica, etc. pueden rastrearse las huellas de las cocinas del pasado en nuestra gastronomía actual.

Esta fue la metodología seguida en el estudio de las cocinas hispanoárabe e hispano-judía, dos cocinas, por otra parte, distintas a cuantas se dieron en nuestro suelo, cocinas en las que subyacen –junto a una nueva concepción de los sabores– unos prejuicios religiosos innovadores que tuvieron su reflejo en la gastronomía hispana. Don Mariano Pardo de Figueroa, el famoso "Doctor Thebussem"[1], uno de los más importantes gastrónomos del pasado siglo subrayaba en las siguientes palabras el interés por estos estudios, que podríamos abusivamente denominar de "arqueología culinaria":

"No permite, amigo mío, la índole de esta carta entrar de lleno en el examen de las cocinas árabe y española durante el largo período de la Reconquista. Materia sabrosa para un detenido estudio de costumbres con ribetes de filosófico y social y tan útil o más que las disquisiciones sobre la arquitectura, poesía o jurisprudencia de los sarracenos"...

[1] "El Doctor Thebussem", *Los alfajores de Medina Sidonia.* Edit. Aribau y Compañía, Madrid, 1882.

En otro lugar[2] afirma:

"El escritor que tuviera la fortuna de vestir la negra toga de jurista y el blanco mandil de cocinero, podría lucirse en una Monografía Gastronómico-legal, en la que sacase a colación lo mucho que sobre materia culinaria encierran el Fuero Viejo de Castilla, el Ordenamiento de Alcalá, el Becerro de las Behetrías, la Nueva y Novísima Recopilación y las Viejas Ordenanzas de diferentes ciudades de la Península"[...]

No fue único, por otra parte, el Doctor Thebussem en interesarse por este importante tema de nuestra investigación histórica. El azar y con el involuntario temor de omitir a muchos, pueden citarse a Joaquín de Entrambasaguas, La Granja Santamaría, Beltrán Martínez, Antonio G. Gavalda, Dionisio Pérez, Xavier Domingo, Schraemli, Lucie Bolens, Enrique García Albors, etc., como autores notables de nuestra gastronomía, que estudiaron –o aludieron al menos– al arte culinario hispanoárabe e hispano-judío.

No obstante, la lectura de la bibliografía existente sobre el referido tema en los siglos XVI y XVII así como los comentarios de autores del siglo XIX y del presente siglo, tan pródigo en reflexiones y comentarios históricos sobre la gastronomía española, hacían necesario este nuestro interés por el apasionante tema de las cocinas árabe y judía en la Península Ibérica.

La identificación de las cocinas hispanoárabe e hispano-judía en algunos platos de la cocina española fue difícil y divertido ejercicio que, aunque sólo hubiera quedado en esta ocasión en un desafortunado intento, considero importante proseguir en el futuro con la colaboración de cuantos estimen –como el Doctor Thebussem– que "es tan útil o más que las disquisiciones sobre la arquitectura, la poesía o la jurisprudencia" de Al-Andalus y su modélica síntesis entre lo árabe, judío y cristiano.

[2] Mariano Pardo de Figueroa, "El Doctor Thebussem": *Yantares y conduchos de los Reyes de España*, Edit. Aribau y Compañía, Madrid, 1877.

# LA COCINA HISPANOÁRABE

La cocina hispanoárabe alcanzó gran difusión e influyó en la cocina de otras comunidades no islámicas, entre ellas, naturalmente, la judía y la cristiana. Desde Al-Andalus la cocina y los usos culinarios andalusíes pasaron a Europa. Por otra parte, la influencia del Oriente árabe fue indudable en el campo de la gastronomía de Al-Andalus. El propio protocolo de la comida es ejemplo de esta influencia. En efecto, el famoso músico y árbitro de la moda en Al-Andalus Ishaq Ibn Nafi'a, el llamado Ziryab, enseñó a los andalusíes incluso la misma distribución de los manjares en la comida: sopas y caldo primero; entradas de carnes y aves sazonadas después; y, finalmente, postres azucarados, dulces y pasteles de nueces, etc. Esta distribución era la seguida en Oriente[3].

"Hizo (Ziryab) que se sustituyeran los manteles de grosero lino con cubiertas de fino cuero para la mesa; y les mostró que las copas de cristales tallados casaban mejor con la decoración general de la mesa que los vasos de oro o de plata".

## Al-Andalus y sus productos

La base de la cocina hispanoárabe es la calidad misma de los productos utilizados en ella. Las referencias de los autores árabes a estos productos son frecuentes y numerosas:

Ibn Hawqal, que visitó España en la época de 'Abd-al-Rahman III nos describe en su obra "Sura al-'ard" (Descripción de la Tierra) el medio geográfico y sus productos: España –escribe– es una de las penínsulas más bellas. Ocupa una importante posición por todo lo que contiene y alberga.

[3] Levi Provençal: *La civilización árabe en España*, Edit. Española, Madrid, 1980.

He llegado a España a comienzos del año 337 de la Hégira, cuando reinaba Abu al-Mutarrif 'Abd-al-Rahman... Tiene una longitud de un mes de camino por una anchura de veinte días o quizá más. Hay territorios sin cultivar, pero en su mayoría están cultivados y muy bien poblados. Hay, en todas partes, agua corriente, bosques, árboles frutales y ríos de agua dulce..."

Ahmad Al-Razi, el cronista cordobés de origen oriental muerto en 344 de la Hégira (955 de la Era Cristiana), escribe: "En Al-Andalus se recogen frutos continuamente durante casi todo el año hasta el punto de que siempre es posible encontrarlos y nunca siente uno carencia de ellos; en las costas y a lo largo de los litorales llegan a madurar muy pronto mientras que la recolección se realiza más tarde en las Marcas y en las montañas donde la temperatura es especialmente fría. En estas condiciones, la recogida de la fruta se prolonga durante todo el año y el país, en definitiva, nunca está desprovisto..."

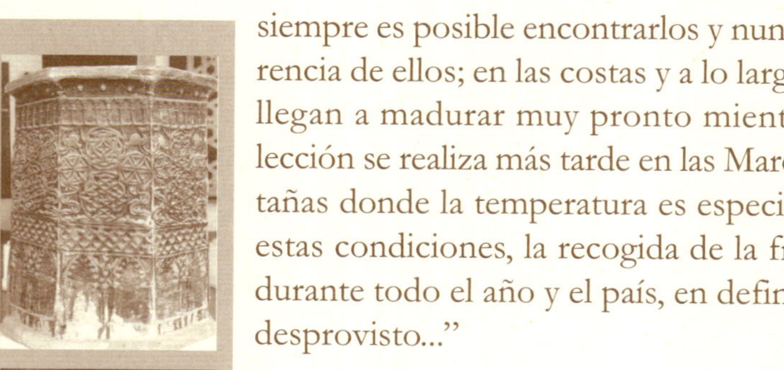

Brocales de pozo de la época califal o barro de la época califal.

En el siglo XIV, el granadino Lisan al-Din Ibn Al-Jatib, una de las mayores figuras políticas y literarias de la última parte del Islam español, nos hablaba de la tierra y sus productos en estos términos: "Dios omnipotente ha hecho que este país nuestro se distinga de los demás por dulces colinas y fértiles llanuras, por alimentos buenos y sanos, por un gran número de animales útiles, por cantidad de frutas, por abundancia de agua, por viviendas confortables, por buenos vestidos hermosas vajillas y utensilios de cualquier género".

Es un tópico más la afirmación de que fueron los árabes quienes enseñaron a los hispanorromanos e hispanogodos a regar la tierra y obtener de la misma sus mejores productos. Los usos y técnicas del riego agrícola existían en España desde la época romana. Los árabes que habían aprendido en Persia y Egipto especialmente técnicas nuevas, verdad es que perfeccionaron la agricultura de Al-Andalus transformando en vergeles sus campos.

Taza, jarra y orza de la época califal.

Los árabes introdujeron, por ejemplo, en la agricultura de secano el cultivo de cereales, dejando los campos en barbecho uno de cada dos años. Cultivaron el trigo, la avena, el sorgo, la cebada y en las tierras frías, el centeno. La industria harinera alcanzó gran importancia y perfección. Eran notables, por ejemplo, los molinos hidráulicos instalados a orillas de los ríos, como el Tajo, Segura, Ebro y Guadiana. El Cherif El Idrisi nos habla incluso de molinos flotantes, sobre balsas, en Zaragoza.

Almirez y acetre de pozo. época califal.

Los olivos habrían sido traídos a la Península Ibérica –como dijimos en su lugar– por los griegos, igual que a otros países de orillas del Mediterráneo. Los árabes, sin embargo, extendieron la superficie de cultivo. La aceituna de mesa –cuya receta árabe figura más adelante–, que preparaban en forma casi similar a la que se utiliza todavía en Andalucía (tomillo, ajo, hierbas aromáticas y salmuera) fue introducida en los usos culinarios andalusíes. El molino de doble piedra, romano, es sustituido en las almazaras árabes por el tornillo, más eficaz en el prensado de la aceituna. Se extraían tres clases de aceite: el de primera calidad, obtenido en el alfarje (voz árabe) con lavado de agua caliente y sedimentación a distinto nivel: un segundo aceite obtenido tras prensado y maceración y una tercera clase de aceite, llamado aceite cocido, obtenido a partir del orujo del primer prensado.

Gran cantidad de frutales no conocidos se aclimataron durante la época árabe en la Península; muchos de ellos existían ya en forma incipiente en la Península desde la época griega y romana. Las cerezas, peras, manzanas, granadas, uvas, higueras, etc. conocieron una introducción o ampliación de sus áreas de cultivo. El almendro fue introducido por los árabes y alcanzó gran difusión en pocos años, ya que su fruto era muy utilizado en la cocina hispanoárabe. La palmera y la caña de azúcar, de origen egipcio ésta, también se cultivó en España por vez primera en la época árabe. Las hortalizas fueron traídas a España en buena parte de sus variedades por los árabes, que perfeccionaron y mejoraron otras verduras autóctonas. Las habas, por ejemplo, tenían cuatro variedades; las lechugas eran de dos clases: las largas y de hoja puntiaguda, llamadas lechugas sevillanas, y las de hoja corta y ancha, llamadas cordobesas.

También era clásica de la cocina andalusí la comida condimentada con hierbas aromáticas, hábito o moda oriental que finalmente fue adoptada por toda la cocina occidental a través de España. El "bouquet garni" francés, por ejemplo, es de origen hispanoárabe. En todo Al-Andalus cada unidad familiar cultivaba en su huerto las hierbas que después iba a utilizar en las comidas: cominos, coriandro, hierbabuena, alcaravea, hinojos, anís, etc.

## Los utensilios de la cocina andalusí

Cantimplora y jarrita de la época califal.

Braseros de la época califal. Debían servir tanto para calefacción como para hervir o asar determinados alimentos.

Dos cuestiones previas hay que tratar antes de referirnos al recetario de la cocina andalusí: El posible protocolo de la comida arábigo-andaluza y los utensilios de cocina utilizados en Al-Andalus. En relación con la primera cuestión, la única referencia que tenemos son las alusiones literarias al protocolo en la mesa y al carácter que tenían las comidas: familiares, de amistad o de cenáculo literario, donde, además de recitar poesías o discutir textos, se comía o libaba hasta la llegada del nuevo día. El señor de la casa ocupaba un lugar más alto que sus invitados y dirigía la comida y el orden de las bebidas. Los siervos y criados esperaban las órdenes de su dueño para iniciar la comida o traer los diferentes platos.

Jarra y jarro con pico. Época Califal.

Los utensilios de cocina en Al-Andalus comprendían una serie de fuentes y platos de barro cocido y barnizado, de cobre y de hierro. Existía un "qanun" o brasero pequeño, en barro secado al sol con diversos agujeros para facilitar la llama. Se utilizaba carbón vegetal que, aunque daba un sabor especial a los alimentos, hacía que la cocina se ennegreciera y tuviera que ser encalada todos los años al llegar el buen tiempo y, en todo caso, antes del mes de Ramadán. Esta costumbre perduró en Andalucía hasta hace muy poco tiempo...

Platos de la Época Califal con dibujos geométricos centrales.

En la cocina hispanoárabe no había asientos; sólo viejas alfombras de lana o esteras de enea. Unas sirvientas negras, esclavas en su mayor parte venidas del Norte de África, eran las mejores cocineras y transmisoras de los gustos y modas culinarias del otro lado del Estrecho. También eran reputadas cocineras las mujeres de algunas regiones, entre ellas la serranía de Jaén. Existían igualmente en la cocina hispanoárabe odres de piel de cabra, destinados al agua y para hacer leche agria en todas las estaciones, pero muy especialmente en verano como bebida refrescante.

Otros utensilios de la cocina andalusí son: el tamiz o "gorbal", de esparto, tela o piel, utilizado para cernir las harinas y otros alimentos; la "qedra" o "qodra", una olla de barro para cocer carnes y verduras, y que existían en tierra cocida y en cobre; había también unas tinajas llamadas "qanburat" o "jabiat" que servían en la cocina para conservar el agua y las aceitunas de mesa. El horno de la cocina era de tierra cocida al sol y existían en diversos tamaños. Había también habitualmente en la cocina otros utensilios menores como el almirez o "mehras", trébedes, tenazas, paletas, sartenes, "tanyerat" o marmitas, etc.

# Recetario de la cocina hispanoárabe

Coín. Orza. Alt.: 56 cm.

Guadix. Orza. Alt.: 56 cm.

Existen hasta el momento escasas fuentes sobre la cocina andalusí. En los llamados libros de "hisba" de Ibn 'Abdun y de Al-Saqati, estudiado el primero por Levi Provençal y por el mismo autor y Colin el segundo, hay algunas referencias y alusiones sobre determinados platos. El año 1954, el profesor La Granja Santamaría presentó como Tesis Doctoral el estudio de "Fadalat al-jiwán" que libremente podría traducirse como "Manjares de la mesa" del que solamente conocemos el extracto publicado. En el bienio 1961-1962, el Instituto Egipcio de Estudios Islámicos de Madrid editó el manuscrito "Kitáb al-tabíj fi-l-Magrib wa-l-Andalus fi 'asr al-muwahhidín" (*La cocina hispano-magrebí durante la época almohade*) traducido por Don Ambrosio Huici Miranda. He utilizado en esta obra –junto con otros textos norteafricanos– el manuscrito referido en su versión árabe junto con las excelentes y valiosísimas referencias del extracto de la tesis del profesor La Granja Santamaría.

Sería largo enumerar las fuentes directas, muy escasas, o indirectas sobre la cocina hispanoárabe. Al final del presente volumen incluiré una lista bibliográfica para quienes deseen ampliar sus conocimientos en este importante tema de la cultura hispanoárabe.

A continuación, incluyo un breve recetario de la cocina arábigo-andaluza según el orden preconizado por el propio Isháq ibn Nafía, Ziryab, es decir, 1º. Sopas y caldos; 2º. Entradas de carnes y aves sazonadas; y, 3º. Postres azucarados, dulces y pasteles de nueces.

Pileta trilingüe de mármol blanco.

# PRIMEROS PLATOS

## Gachas simples e ilustradas





Las gachas hispanoárabes se hacían de varios tipos: unas, más sencillas, se elaboraban cociendo harina común, poco refinada, en agua sin sal. Una vez cocida la pasta –unos 18 minutos– se echaba en una fuente, vertiendo sobre la misma miel hervida con un poco de agua. Se espolvoreaba con pimentón dulce.

Bailén. Orza "de cuartillo". Alt.: 41 cm.

En Al-Andalus se elaboraban unas gachas de azúcar cuya receta era atribuida a Abú 'Ali Al-Bagdadí. Se hacían con una libra de azúcar sobre la que se vertían dos onzas de agua de rosas. Se hervía todo hasta que tomara cuerpo la mezcla y –se dice en la receta– "pudiera cogerse con los dedos". Se le añadían tres libras de almendras ligeramente fritas y trituradas y, añadiéndole azúcar, se movía en el fuego unos diez minutos hasta que se unieran todos los componentes. Se extendía la pasta obtenida en una fuente, sirviéndola espolvoreada de azúcar.

Este tipo de gachas, que nosotros incluiríamos hoy entre los postres, pero que en Al-Andalus eran entradas o primeros platos, admitían diversas variantes, ya se le añadieran harina y huevos, agua de granada dulce, harina y almendras, o bien se hicieran con tres onzas de almidón, unos 160 gramos de aceite y almendras machacadas.

Había otra forma de hacer las gachas que era similar a la primera receta anteriormente descrita y que se elaboraba con un poco de matalahúva o anís, y leche y canela conjuntamente cocidas. Estas son alimento corriente todavía en algunas zonas de Andalucía (especialmente en tierras de moriscos) y a las que se da el nombre de "talvinas" o "tarvinas" en pronunciación defectuosa. La palabra "talvina", por otra parte, como saben los conocedores del árabe clásico, viene del nombre de acción de la segunda forma "talbina", en árabe 'poner leche'.

## Caldos de carne, verduras y frutas

Son frecuentes en la cocina hispanoárabe los platos confeccionados con carne hervida, en forma de copa, sin verdura. Invariablemente, en los mismos se pica la carne y se pone en una olla de barro con agua, cebolla y especias; media cucharada de aceite, si la carne es grasa y, en caso contrario, una cucharada. Se hierve este caldo a fuego lento, moviéndolo de vez en cuando. Este caldo de carne –auténticas sopas para enfermos– admitía las variantes del tipo de carne utilizada.

En ocasiones, sin embargo, la cocina andalusí utiliza las verduras en este tipo de caldo. Por ejemplo, hay un curioso tipo de caldo de pollo, *al volátil*, en el que el ave previamente se dejaba suspendida de una pata durante tres horas, todavía con las plumas. A continuación, se desplumaba y limpiaba en agua caliente de forma concienzuda, cociéndola ligeramente. Acto seguido, se le ponía aceite de almendras, agua de cocer fruta verde, especias, trozos de calabaza y un poco de hierbabuena. Se servía la sopa una vez cocida. Este caldo también se preparaba con gallina y perdiz. En Andalucía, especialmente en Granada, se utiliza todavía la hierbabuena en este tipo de caldo de pollo o caldo del cocido. La evolución de este plato, posteriormente, haría que vinieran a sumarse al mismo otros aditamentos: frutas, tocino, morcilla, etc.

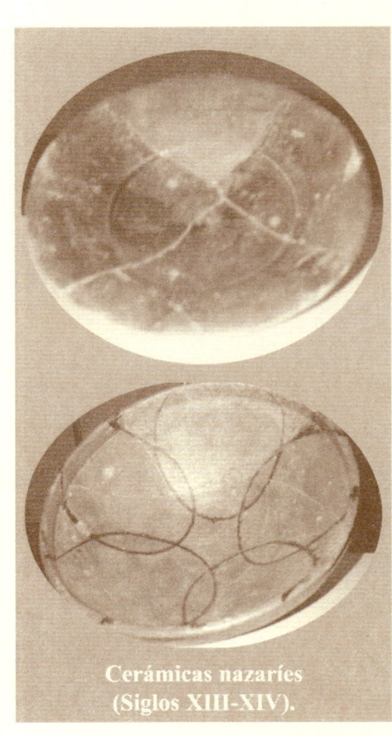

Cerámicas nazaríes (Siglos XIII-XIV).

En ocasiones, se elaboraban estos caldos o sopas con manzanas agrias troceadas, garbanzos remojados e incluso con el agua de haber hervido las granadas. Salvo la utilización del agua de granadas, que no conozco en plato alguno de la región de Granada, la mezcla de los anteriores componentes recuerda al cocido con sopa aparte y frutas que se come aún en Andalucía y en muchas otras regiones españolas.

Trigueros. Orza (tipo Bailén). Alt.: 57 cm.

La “tarda” era un caldo que admitía diversas variantes. Esencialmente, consistía en carne troceada a la que se añadía aceite, sal, cebolla machacada, coriandro verde y especias. Se le ponía a todo ello abundante agua y se hervía con avellanas, almendras y piñones. También se le estrellaban huevos. En ocasiones a este tipo de sopa o caldo se le echaba vinagre y berenjenas peladas con o sin pulpa interior. Otras veces, se hacían con nabos y nueces, con carne de cordero y garbanzos o con la parte blanca de la penca de acelga.

En Al-Andalus se hacía, asimismo, una forma de caldo de carnes diversas: vacuno, pollo, etc., que se denominaba “tafaya”, en el que invariablemente se cocía la carne en un puchero con especias, aceite, nuez moscada y, en determinadas variantes, coriandro verde avellanas, pastel de carne en conserva, huevos, etc. Se cocía el caldo hasta reducirlo a voluntad hasta que la carne estuviera más o menos tierna –de hora y media a dos horas–. En ocasiones, se añadía a este caldo berenjenas y tres cucharadas de salsa almorrí (cuya receta facilitaremos más adelante). En el manuscrito “Fadalát al-Jiwán”, estudiado como hemos dicho por el profesor La Granja Santamaría, se incluye un tipo de “tafaya” que debe ser anterior en uno o más siglos al descrito líneas más arriba. Nos referimos a la denominada “tafaya blanca”, que se elaboraba con carne de cordero pascual, con cabrito o con carne de volátiles. Se requería para hacerla un recipiente de barro a estrenar en el que se ponía agua, aceite, un “bouquet garni” que diríamos en la cocina actual, es decir, un ramito de hierbas aromáticas, que se colocaba dentro de un trapo retirando éste al terminar la cocción. Se le ponía también jengibre, sal refinada, coriandro seco y un poco de cebolla troceada. Como decimos, cuando cocía la carne un cuarto de hora, se retiraba el “bouquet garni” para evitar demasiado sabor a la carne, dejando que continuase la cocción de ésta. A este caldo se le podía añadir albóndigas, de las que posteriormente daremos también la receta.

# Guisos de carne y legumbres o carne y verduras

Igual que en la España cristiana, en Al-Andalus las verduras eran poco apreciadas, siendo, sin embargo, el alimento básico de las clases modestas. Sí parece haber existido en la cocina hispanoárabe la prevención que había en la cocina medieval cristiana contra el caldo de cocer las verduras como nocivo y debilitante...

Albox. Juego de orzas.
Alt.: 42 a 22 cm.

No existen demasiados platos de carne y verduras en la cocina andalusí, donde, no obstante, es muy apreciada la berenjena al igual que en la cocina árabe actual. Son abundantes, sin embargo, en la cocina hispanoárabe los platos de carne y legumbres. A continuación, facilitamos algunos de ellos.

En una de las recetas de carne y legumbres, se troceaba la carne, que se colocaba en un puchero de barro. Se cubría con agua y el aceite necesario –un decilitro aproximadamente– y se ponía a cocer. Consideraban los andalusíes que el salar anticipadamente la carne contribuía a estropearla. Por esta razón, lo hacían tras cocerla previamente. Se le agregaban especias y un poco de vinagre. Se volvía a poner al fuego y se le añadía harina de garbanzos molturados y cernidos. Realizada esta cocción previa del guiso, se le agregaba una cabeza de ajos sin pelar (todavía en la cocina española en general y, particularmente en la andaluza, se distingue el sabor del ajo pelado y sin pelar), un chorreón de buen vinagre y el rectificado de sal, mezclándolo todo bien. Se ponían finalmente garbanzos remojados una noche y despojados de la piel que, una vez cocidos, se trituraban ligeramente.

A las "boranías" nos referiremos cuando aludamos a la influencia de la cocina hispanoárabe en la cocina española. Ahora incluiremos un guiso de "boranía" muy similar a la receta anterior. Se basaba pues, fundamentalmente en el guiso anterior, pero añadiéndole vinagre, salsa almorrí, sal, hierbas aromáticas, hojas de toronja, una cabeza de ajo y una buena cebolla. Se cocía todo a fuego moderado durante hora y media o dos horas, según estuviera más o menos tierna la carne. Admitía variantes tales como piñones, berenjenas, etc.

La "boranía" –que ha dado diversas variedades en la cocina del Sur de España– es un plato que tiene una curiosa leyenda en la cocina hispanoárabe[4]. Había una "boranía" que Ibrahim B. Al-Mahdi llamaba completa. Se hacía con carne de cordero y berenjenas cocidas y trituradas. Se añadían las especias, pimentón, coriandro o cilantro, comino, canela y almendras partidas. Se elaboraba en dos fases: una, en que la carne se cocía, pero no en su totalidad; otra, en que en el puchero se ponía una capa de berenjenas fritas, otra de pastel de carne y berenjenas trituradas y una tercera capa de carne, cuya cocción se completaba tras añadirle piñones, almendras partidas y yemas de huevo. Todo ello, con abundante aceite se horneaba durante unos veinte minutos.

La Línea de la Concepción. Orza pequeña. Alt.: 16,5 cm.

Nos hemos referido anteriormente al aprecio de los andalusíes por la berenjena. A continuación, incluimos varias recetas con berenjenas. Una de éstas, muy sencilla, es la siguiente: En una olla de barro se echaban tres cucharadas de vinagre, una de salsa almorrí, dos cucharadas de aceite, pimentón, coriandro seco, cominos, tomillo, etc. Una vez que hervía el agua, se añadían las berenjenas y se le estrellaban huevos. Este plato se servía siempre frío.

Estepona. Orza.

En otra receta, se escogían berenjenas grandes que se partían a lo largo en dos mitades. Se cocían en agua

4 Manuela Marín: "Sobre Buran y buraniyya", Revista *Al-Qantara II*. 1981, página 200: "La cocina árabe ha conservado hasta hoy un plato atribuido a Buran: se trata de la buraniyya, que en español ha dado el arabismo alboronía/almoronía..." Hay unanimidad en relacionar (la palabra) con la hija de Hasan B. Sahl (Buran bint al-Hasan B. Sahl (192-271/807-884) que se casó con al-Ma'mun".

Hinojosa del Duque. Olla (sin el vidriado tradicional). Alt.: 30 cm.

Lora del Río. Orza. Alt.: 38 cm.

con sal sacándolas después del agua y dejándolas secar. A continuación, se colocaban en una fuente con vinagre, almorrí, pimentón, comino, tomillo, azafrán, ajo picado y abundante aceite. Se metían en el horno (unos quince o veinte minutos) hasta que se consumiera el caldo. En otra variante, se le estrellaban huevos a la verdura y se volvía a poner el plato al horno hasta que cuajaran los huevos.

En ocasiones, las berenjenas grandes y dulces se preparaban como en la receta anterior y se rellenaban con huevo y carne de pájaros, y se cocían a fuego moderado durante unos tres cuartos de hora. Otras veces, el relleno era de queso triturado, almendras y huevo batido. Se rociaban con aceite y se llevaban al horno a fuego moderado durante unos quince o veinte minutos.

En el manuscrito "Fadalát al-Jiwán" existe una receta de berenjenas que debe tener una mayor antigüedad. Según ella, las berenjenas, una vez cocidas como en las recetas anteriores, se trituraban. Se les añadía pan rallado, huevo batido, coriandro o cilantro seco y canela. En estos casos, se freían en forma de la actual "tortilla a la paisana". Se rociaban finalmente con una salsa compuesta por unas cucharadas de vinagre, aceite, almorrí y ajo machacado, todo ello trabado en un hervor previo y no muy prolongado.

Entre los primeros platos o entradas –según la recomendación de Ziryab que estamos siguiendo nosotros–, ocupa un lugar preferente en la cocina andalusí la "harísa", que ha dejado huella en la cocina andaluza, como veremos en el capítulo dedicado a la influencia de las cocinas árabe y judía en la cocina española. No es concluyente la afirmación de que esta "harísa" no tuviera su origen en la cocina judía por ser, precisamente, un plato ritual judío desde hace milenios. Puede que la cocina hispanoárabe introdujera este plato, pero con variantes específicas.

La "harísa" era un plato fuerte y de difícil digestión. Era un guiso de trigo, pero se hacía también con arroz dejado en remojo un día. Se ponía a hervir con pechugas de pollo o carne de cordero lechal durante veinte minutos o tres cuartos de hora, hasta lograr, como en el caso de la "harísa" de trigo, que la carne se desmenuzara y se mezclara bien con el resto del guiso. En este punto, se vertía en una fuente y se le echaban encima unas cucharadas de grasa fresca de cordero fundida. Se homogeneizaba el conjunto removiéndolo debidamente, y más tarde, si el plato estaba muy caldoso, se metía en el horno para reducir el líquido.



Tiempo de elaboración total del guiso: una hora.

Había otra forma de hacer la "harísa" que consistía en utilizar migas de pan candeal o integral. Se procuraba que las migas fueran lo más pequeñas posible. Se ponían a secar al sol, extendiéndolas en un paño o recipiente plano. La carne utilizada en esta receta de "harísa" era pierna de cordero u otra pieza tierna del mismo tipo de carne. Se hervía con abundante agua hasta que se pudiera desmenuzar con facilidad la carne, agregándole la grasa del cordero. Cuando el conjunto llegaba a ebullición, se echaban las migas de pan que todavía se elaboran en numerosos puntos de Andalucía, Extremadura y Aragón, precisamente tierras de moriscos.

Alhabia. Orza para miel.
Alt.: 19 cm.

En el manuscrito titulado "Fadalát al-Jiwán" ("Manjares de la mesa") se mencionan unas migas con carne hervida de cabeza de ternera. El caldo desgrasado se vertía sobre el pan migado, extendiendo la grasa por encima junto con los trozos de carne de la cabeza de ternera que habían sido reservados previamente. El conjunto se espolvoreaba con canela. Este tipo de migas, con características de "harísa", debe ser más antiguo que el anteriormente reseñado.

## Las menestras

En la cocina hispanoárabe, como hemos mencionado con anterioridad, el uso de las verduras es limitado, aunque en menor proporción que en la cocina de la Edad Media cristiana. Existen, sin embargo, en la cocina andalusí platos de verduras interesantes e imaginativos, que debían ser alimentación básica de las clases populares.

Entre estos platos de verduras son reseñables algunas menestras con carne. Se elaboraban utilizando diversos tipos de carne o verdura: nabos, berenjenas, calabazas, zanahorias o cogollos de lechuga, aderezado todo ello con azafrán y vinagre. Esta menestra se hacía con carne con grasa, cortada en trozos pequeños. Se ponía en una olla de barro con sal, pimentón, coriandro seco, comino, azafrán, ajo y aceite. Se cubría con agua, cociéndola hasta que estuviera en su punto. A continuación, se troceaban las verduras disponibles, se cocían aparte y se les tiraba el agua, ya que, como hemos dicho antes, tanto entre los árabes hispanos como entre los cristianos, se estimaba que era dañina el agua de cocer las verduras. Se incorporaba la verdura cocida a la carne, añadiéndole vinagre fuerte, pero sin que el líquido cubriese la menestra. Tiempo total de cocción: una hora y media u hora y cuarto, según fuera más o menos tierna la carne.

El mismo tipo de menestra se hacía con calabaza tierna, utilizando carne de cordero lechal, recién matado, cuya carne se cocía con sal, abundante agua de macerar la cebolla, pimentón, coriandro seco, tomillo y mucho aceite. Salvo estos diferentes componentes, la forma de elaborar la menestra era la reseñada en la receta anterior.

Puente Genil. Puchero. Alt.: 16 cm.

Había otras variantes de menestra con nabo, coliflor, lechuga, etc. en las que el *modus operandi* era similar a los anteriormente utilizados no variando más que las especias con las que se cocía la carne: muchos cominos con los nabos, alcaravea con la coliflor y canela y azafrán con las lechugas.

## Los huevos

Los huevos y las pastas, que incluimos a continuación, cerrarán el capítulo de los primeros platos o entradas, según el orden establecido por Ishaq ibn Nafi'a, "Ziryab". Se omiten, sin embargo, en aras de la claridad,

Estepona. Puchero. Alt.: 15 cm.

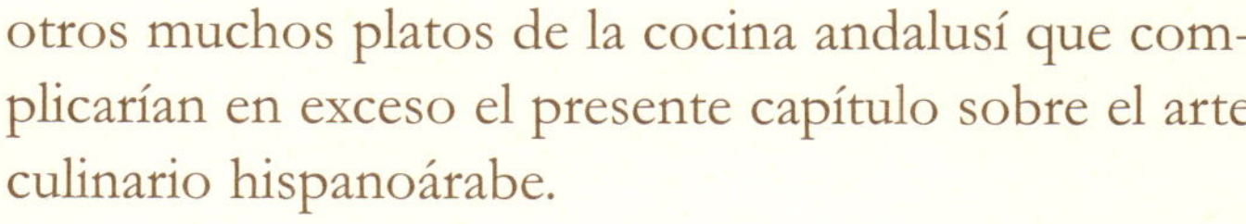

otros muchos platos de la cocina andalusí que complicarían en exceso el presente capítulo sobre el arte culinario hispanoárabe.

Las recetas sobre huevos y su presentación son abundantes en la cocina hispanoárabe, aunque generalmente se utilizan como guarnición y acompañamiento de otros ingredientes, generalmente de carne.

Lucena. Orza. Alt.: 35 cm.

Una forma original de huevos rellenos era aquélla en que, una vez cocidos, se cortaban en dos mitades en sentido longitudinal, se les quitaban las yemas, con las que, una vez machacadas, se hacía un relleno a base de coriandro verde, jugo de cebollas (que se elaboraba dejándolas macerar en agua durante al menos veinticuatro horas), especias y canela. Se rellenaban con esta mezcla las mitades de huevo, que, una vez espolvoreadas de azafrán y harina, se freían en aceite a fuego bajo. Una vez fritos los huevos, se espolvoreaban ligeramente con ruda, y con el resto del relleno que sobraba, se hacía una salsa que al final se añadía al guiso. Antes de llevar el plato a la mesa, se espolvoreaban los huevos con una ligera mezcla de espliego y canela. Esta forma de hacer los huevos, sin los aditamentos de las especias, existe todavía en la cocina española.

Un tipo de huevos escalfados a la andalusí era aquel en que se ponían dos decilitros de vinagre, las mismas cantidades de almorrí y agua, añadiéndole cebolla, tomillo y sal. Se ponía esta mezcla al fuego hasta que se transparentaba la cebolla. En ese momento, se estrellaban en el caldo diez o más huevos, espolvoreándolos cumplidamente con pimentón.

Triana. Orza. Alt.: 40 cm.

En ocasiones, el plato de huevos escalfados se asemejaba bastante a lo que hoy denominaríamos como "huevos a la portuguesa" (y de los que posiblemente son antecedente).

A saber, los huevos se volcaban lentamente en un puchero en el que se había puesto vinagre, aceite, agua, cebolla machacada, coriandro y sal.

## La pasta de freír y la pasta de queso

Cortegana. Puchero. Alt.: 17 cm.

La pasta de harina para freír la hacían los andalusíes como la hacemos en nuestro tiempo: amasando harina con agua, dejándola reposar, añadiendo después aceite a la pasta y removiéndola enérgicamente, tras ponerle levadura y cinco huevos. Hasta aquí, pensamos nosotros, no difiere mucho la masa resultante de lo que nosotros haríamos para obtener una masa destinada a ser frita u horneada. Lo original de la práctica culinaria hispanoárabe venía después:

La pasta anteriormente detallada la ponían en un recipiente untado con aceite, dejándola reposar para que actuara la levadura. A continuación, molturaban algunas almendras, nueces, piñones, pistachos y otros frutos secos hasta convertirlos en una fina harina a la que incorporaban una buena miel en el fuego hasta que quedase todo bien trabado. Se echaba esta nueva mezcla sobre la masa anteriormente obtenida, friéndola en deliciosos churros elaborados a fuego lento. Se espolvoreaban con azúcar a voluntad.

Cabían mejoras al sabor de los churros anteriormente descritos. Por ejemplo, se podía añadir azúcar finamente molida y agua de rosas a la masa definitiva, es decir, después de agregarle la harina obtenida de la molturación de los frutos secos.

La pasta con queso se hacía vertiendo una parte de agua sobre la harina y completando con aceite. Se hacían seguidamente unas tortas que se extendían con un rudimentario rodillo (un trozo de caña gruesa) y a las que se daba forma de obleas. Entre oblea y oblea se ponía queso partido y trabado con huevos batidos. Las tortas así obtenidas se rebozaban en huevo, y se ponían a horno suave en una fuente de barro untada de mantequilla.

Guadix. Puchero.
Alt.: 23 cm.

La pasta de queso anteriormente descrita admitía determinadas variantes: relleno de carne de pollo o pájaros previamente cocidos de forma ligera y un caldo hecho con cebolla picada, coriandro verde y seco y pimentón. Ya en la sartén, se agregaban a este caldo dos cucharadas de aceite y una de salsa almorrí. El mismo relleno se hacía con pescado al que, además de los ingredientes ya reseñados, se añadían especias y, tapado, se llevaba al horno en una fuente untada de aceite y espolvoreado todo con abundante pimentón.

# SEGUNDOS PLATOS

## Carnes y aves sazonadas

En la preparación y presentación de las carnes, ya sea de vacuno, cordero o caza, la cocina hispanoárabe presenta una variedad infinita de platos. El número de recetas que presentamos aquí, por lo tanto, no es exhaustivo. Abundan las carnes guisadas o asadas, pero tampoco los andalusíes desdeñaron los platos de carne frita o en adobo.

Úbeda. Puchero.
Alt.: 21 cm.

En Al-Andalus, por ejemplo, se elaboraba un plato que podemos considerar el precedente de nuestras albóndigas: son las “ahras” o “asfariya” Se hacían con carne de vacuno o de cordero, aliñada con especias, pimentón, etc., friéndola en forma de bolas con abundante aceite y después cociéndola en caldo.

Ugíjar. Puchero.
Alt.: 16 cm.

Puede considerarse que el antecedente de las actuales calderetas de la cocina española es el plato andalusí llamado “alsanhayi al-muluki”, elaborado con abundante aceite, vinagre y salsa almorrí, azafrán, comino y ajo.

Otura. Candil.
Alt.: 14 cm.

Las "murkas bi-l-yibin al-ratib" serían algo similar a las salchichas con queso fresco. Se mezclaba la carne con queso fresco entero y aderezado todo ello con especias y hierbas aromáticas. Con esta mezcla se rellenaban las tripas y se freían en aceite. Había otra variante en que la salchicha se cocía en vinagre y en el relleno formaba parte la miga de pan. Se elaboraban otras variedades de estas salchichas que se aromatizaban con hojas de naranjo.

## Asados de carne

Existía un tipo de asador en espetones, llamados "sufud". No consideraban los andalusíes excesivamente complicado este plato, aconsejando únicamente que las chuletas fueran de animal joven, asado con algo de grasa y acompañado de salsa almorrí, vinagre, tomillo, pimentón, ajo machacado y abundante aceite. Las chuletas no debían tocarse entre sí en el espetón con el fin de que quedasen asadas de manera uniforme. Este asado se hacía también con volátiles jóvenes.

El asado de carne se colocaba en platos grandes de arcilla y en el horno se reservaba para la falda de cordero adulto y de abundante grasa. El mismo asado se llevaba a cabo con madera y al horno moderado.

Eran renombrados en la cocina andalusí los asados de cordero rellenos con pollos de mucha grasa, pichones de paloma, perdices, etc. Se freían éstos previamente y se dejaban reposar. Se acompañaba el plato con trozos irregulares de pan de trigo para aprovechar la salsa. Existían variantes de este asado con liebres, cabritos, etc. En los hornos públicos o domésticos de Al-Andalus, el tiempo medio de cocción de este asado debía ser de hora y media a dos horas.

Los asados de volátiles eran de una gran variedad en Al-Andalus. Entre los distintos tipos de asado hemos escogido éstos:

El asado a la olla, en el que, tras elaborar una salsa con aceite, almorrí, vinagre, ajo machacado, pimentón, comino y tomillo, se untaba copiosamente el pollo o gallina por dentro y por fuera. Colocada el ave en la olla, se vertía sobre la misma la salsa restante. Después se ponía al fuego en la olla tapada. Se dejaba de tres cuartos de hora a una hora para su total cocción destapando para comprobar el punto del guiso. En otras modalidades de este asado "a la olla", se untaba el ave con aceite, especias y hierbas aromáticas, asándolo en el horno o friéndolo. En la olla en que se preparaba este tipo de asado, con o sin frito previo, se ponían cuatro cucharadas de vinagre, dos cucharadas de almorrí, dos cucharadas de aceite, pimentón, mucho ajo y, sobre todo, abundantes hierbas aromáticas. Se ponían las piezas de carne en esta salsa, dejándolas en la lumbre, a fuego lento, unos quince o veinte minutos para que tomara el sabor de la salsa. Entonces estaba listo para llevarlo a la mesa muy caliente.

Ni que decir tiene que son abundantísimas las recetas arábigo-andaluzas de carneros, corderos, cabritos, etc., en diferentes tipos de asados. Ante la imposibilidad de reseñar todas ellas, vamos a detallar únicamente las que consideramos más originales.

Alhama de Granada. Candil. Alt.: 21 cm.

El cordero lechal, por ejemplo, se rellenaba con carne de cordero a la que se agregaba sal, pimentón, azafrán, aceite y hierbas aromáticas. Se untaba exteriormente con esta mezcla y se llevaba al horno hasta que estuviera en su punto. Si el cordero era pequeño, esta receta se podía hacer en un recipiente sobre el fuego.

Motril. Anafre. Alt.: 24 cm.

El cordero asado con su piel es uno de los platos de carne más originales en la cocina de Al-Andalus. El animal, una vez sacrificado, se ponía en un recipiente con agua hirviendo para quitarle la piel. Con sus propias vísceras, una vez limpias, se preparaba el relleno. Se asaba untándolo previamente con pimentón, aceite, un poco de salsa almorrí y hierbas aromáticas. Se llevaba al horno fuerte durante unas dos horas hasta que la carne se doraba convenientemente, por dentro y por fuera.

En el siglo XII, se hizo célebre una receta creada en Ceuta por un tal Sid Abú 'Ala: era el que nosotros podremos denominar "carnero asado con relleno múltiple". Me explico: el carnero se embutía con una pata asada, en la que a su vez se había introducido un volátil –generalmente una gallina–, y ésta a su vez se llena de pichones, repletos ellos mismos con zorzales asados, que a su vez..., historia interminable, habían sido previamente rellenos de otros pájaros más pequeños. Todo ello se asaba, untándolo previamente con salsa de pimentón, aceite, almorrí y hierbas aromáticas. Se mantenía a horno fuerte durante dos horas y media o tres horas, observando que el dorado exterior quedase en su punto exacto.

En el "Fadalát al-Jiwán" se menciona otro plato de carne asado –la "riyliyya"–, que, presumiblemente por su nombre, se hacía con chuletas de pierna de carnero hervidas sobre las que se cortaban finamente verduras tiernas. Las chuletas también debían cortarse en un grosor mínimo. Una vez colocadas las chuletas hervidas con su lecho de finas verduras, se le estrellaban varios huevos encima, llevándolas al fuego u horno fuerte hasta que cuajasen los huevos.

El carnero se guisaba con habas en el plato llamado "baysar", en el que la carne, –que debía ser grasa–, se ponía a hervir con sal, aceite, pimienta, coriandro seco, comino y cebolla cortada en trozos, dejando que se consumiera el caldo. Después se le añadía agua hirviendo. Aparte se cocían habas machacadas y untadas de aceite, agua caliente, una cebolla, una cabeza de ajos entera, comino e hinojo. Durante el tiempo de cocción se agregaba agua caliente en caso necesario, hasta que este puré de habas estuviera en su punto. Se pasaba por el cedazo –equiparable al actual utensilio conocido por el "chino"– para lograr una fina pasta de habas. Se corregía de sal, se desleía poco a poco en el caldo de la carne ya cocida, se mezclaba bien el conjunto y se dejaba reposar el guiso hasta el momento de servirlo.

Martos. Mortero. Alt.: 13 cm.

La cocina de la caza y las casquerías en Al-Andalus da por sí sola abundante material para escribir. La liebre y el conejo, por ejemplo, tienen numerosas recetas entre los arábigo-andaluces. Para asar ambos, en vez de recurrir a nuestra actual forma de preparación con especias fuertes y vinagre o vino, se dejaban orear durante veinticuatro horas para que perdieran su sabor montaraz. El mismo propósito se lograba hirviéndolos ligeramente en agua con sal. Después, se ensartaban en un espetón –la barbacoa de la época, que dijimos se llamaba "sefud"–, y se asaban lentamente en un fuego de carbón de leña. Tras este primer asado del conejo o la liebre, se untaban con manteca fresca y, una vez en su punto, se vertía sobre las piezas de carne deshuesadas colocadas en una fuente, una salsa compuesta de: vinagre de uva, abundante salsa almorrí (cuya elaboración explicaremos posteriormente, en el apartado sobre las salsas), especias, aceite y mucho ajo machacado. Esta salsa se hervía para trabarla convenientemente, echándola sobre las piezas de conejo o liebre previamente asadas.

Palma del Río. Mortero. Alt.: 12 cm.

Las cabezas de cordero, sesadas y casquerías en general tenían sus "gourmets" en Al-Andalus, al igual que ocurre en muchas regiones españolas en nuestros días. Los andalusíes consideraban que este tipo de platos eran regios y propios de gente importante. Entre las principales formas de cocinarlos hemos de citar las siguientes: Los riñones, una vez limpios, se ablandaban y se les agregaba un poco de grasa de los mismos. A continuación, se embutían en tripas o cañas. Se cocían a fuego vivo y después se volcaban en una fuente, sirviéndolos muy calientes.

Málaga. Jarra. Alt.: 18 cm.

Las sesadas se limpiaban y mezclaban con lenguas de cordero ablandadas previamente sobre un tablero grueso o piedra de cocina. Se embutían en tripa y se cocinaban. Al ir a servir este plato, se espolvoreaba con

La Línea de la Concepción. Jarra de vino. Alt.: 20 cm.

Alhabia. Jarra para agua. Alt.: 25,5 cm.

La Rambla. Jarra de alcarraza. Alt.: 22 cm.

La Rambla. Jarra de mesa. Alt.: 25 cm.

azúcar molida y frutos secos tales como almendras o nueces, machacadas ligeramente o en forma más fina, según gusto del comensal. Este plato tenía una preparación mínima de dos horas en el cocinado, según se hirviera o no previamente la lengua de cordero.

Las recetas de la cocina hispanoárabe referidas a los pasteles de carne son excelentes y abundantísimas, pero nosotros, en aras de la brevedad, trataremos de agruparlas. Todas ellas tienen en común los ingredientes: pimentón, coriandro seco, hierbas aromáticas, vinagre, abundante almorrí, mucho aceite y cinco cucharadas de agua de rosas. El volátil o liebre se ponía al fuego de mediana intensidad con los mencionados ingredientes, dejándolo hervir hasta que se consumiera el líquido. Cocida la carne, se deshuesaba y se reservaba. A continuación, se elegía otro tipo de carne más corriente, se picaba y se le añadía almendra machacada, diez huevos, coriandro verde o seco, cebolla machacada, un poco de agua, pimentón, jengibre, nuez moscada, azafrán, aceite y jarabe de agua de rosas. Una vez mezclado todo ello, se le añadía la carne reservada, agregando al conjunto diez yemas de huevo. La fuente o plato de barro se metía al horno hasta que cuajaran los huevos y adquirieran su punto. Se dejaba enfriar este plato, que se servía directamente o se utilizaba en la elaboración de otros guisos.

En la cocina andalusí se elaboraba igualmente otro tipo de pasteles de carne más sofisticados, tales como los compuestos carne y leche agria o queso. Este último, de tres o cuatro días, se trabajaba hasta fragmentarlo, batiéndolo con huevos, azafrán, especias y el caldo en que se había cocido la carne. Se ponía todo ello en una fuente grande, añadiéndole la carne cocida y picada. Se le agregaba a todo ello aceite y leche, introduciendo el recipiente en el horno y dejándolo el tiempo suficiente para que se evaporase el caldo y se dorara la superficie. Una vez sacado del horno, debía servirse muy caliente. Estos pasteles de se elaboraban también con frutas y berenjenas.

Es curioso el hecho de que los manuscritos gastronómicos andalusíes den en ocasiones recetas de platos judíos de Al-Andalus.

Este es el caso del *Tratado de cocina de Marruecos y Al-Andalus en la época de los almohades*, de autor anónimo y cuyo texto árabe publicó Huici Miranda en la revista del Instituto Egipcio de Estudios Islámicos de Madrid el año 1961. En el mismo se reseñan los siguientes platos de carnes:

La perdiz al estilo judío. En esta receta, el volátil, una vez limpio y sazonado, se rellenaba con almendras, piñones, salsa almorrí, aceite, un poco de agua de haber macerado durante varias horas el coriandro, la sal conveniente y dos huevos duros (uno de los cuales se procuraba introducir entre la piel y la carne y el otro se incorporaba a la masa del relleno). En una olla de barro se ponía la perdiz con cuatro cucharadas de aceite, una cucharadita de salsa almorrí y dos cucharadas de agua con sal. Se llevaba al fuego hasta que se consumiera el caldo, momento en el que se añadía una cucharadita de vinagre, un poco de toronja y unas ramitas de hierbabuena. Se le escalfaban dos o tres huevos y se gratinaba en un recipiente o bandeja con ascuas puesto sobre el puchero en que se había guisado la perdiz.

Cúllar de Baza. Jarra de picos. Alt.: 19 cm.

Otra receta judía que nos transmite el citado manuscrito, es la de los pollos guisados. En la misma, una vez cortado en piezas el pollo (las dos patas, las alas con cada una de las dos mitades de la pechuga y el cuello), se añadía la sal y se dejaba reposar cierto tiempo para que tomase debidamente la sal. Después, junto con los menudillos, se ponían en un puchero de barro con las especias, el líquido de macerar coriandro verde, el líquido de maceración de la cebolla machacada, piñones, un poco de vinagre, salsa almorrí a voluntad, aceite y hojas de toronja. Una vez cocido el pollo a fuego moderado y reducida la salsa, se le estrellaban tres huevos y se espesaba la salsa con un poco de harina, completando la cocción. Entre la preparación y la cocción de este plato no debía transcurrir más de una hora y cuarto.

Triana. Jarra. Alt.: 18 cm.

La volatería tenía en Al-Andalus una infinidad de platos de gran imaginación y originalidad. Muchos de ellos los encontramos todavía en recetas de diferentes regiones de España y del Norte de África, aunque en ocasiones falten algunos elementos o se hayan introducido otros. Por ejemplo, la salsa almorrí no se utiliza en nuestra época, ni en España ni en el norte de África, donde ha sido sustituida por el vinagre de uva o el vino tinto. Como asados muy similares a los españoles o norteafricanos actuales podemos citar los siguientes:

Granada. Jarra de sangría. Alt.: 23 cm.

La carne de vacuno, cordero o volatería se cortaba en trozos pequeños. Se les ponía la sal necesaria, especias, un poco de comino, tomillo, ajo machacado y vinagre. Se la dejaba macerar y, a continuación, se asaba, untándola previamente con aceite y salsa almorrí para evitar que se secara en exceso. Una vez asada, se podía comer tal cual o espolvorearla previamente con hierbas aromáticas.

Otra forma de comer la carne era asándola con sal únicamente. Después, en un recipiente de barro, se colocaban especias, cebolla, sal, aceite y garbanzos previamente remojados, se cocía este guiso y, una vez en su punto, se le echaba la carne asada, coriandro verde, pimentón y canela. Una variante de este guiso era la de sustituir los garbanzos por buenos piñones y almendras. Esta receta se utilizaba también para guisar las gallinas, previamente asadas, a las que se ponía coriandro, sal, especias, tomillo y otras hierbas aromáticas. Después se le machacaban nueces, almendras y piñones, estrellándole finalmente huevos.

Alhama de Granada. Cazuela. Diámetro: 23 cm.

Ugíjar. Cazuela. Diámetro: 34 cm.

Para finalizar estas recetas sobre volatería, hemos de reseñar la llamada "gallina guisada a la beduina", plato en el que la gallina se ponía a cocer con agua, sal, pimentón, cebolla machacada y mucho aceite. Se le añadía un poco de vinagre y, una vez tierna la gallina, y antes de servirla, se le batían varios huevos.

## Pescados

Salvo en las ciudades y poblados próximos al litoral, en la cocina andalusí los platos elaborados con pescado no debían ser muy abundantes. La razón era la dificultad de conservación de estos alimentos, transportados a lomos de caballerías y sometidos a un proceso de salazón para que llegaran en condiciones de comerlos tras un viaje de semana o semana y media de marcha. Pese a todo, conocemos abundantes platos de pescado fresco. Uno de ellos es el pescado al horno. En esta receta el pescado, de cierto tamaño, se limpiaba de escamas y se salaba. A continuación, se le añadía agua de haber macerado coriandro verde, un poco de ajo, un poco de agua (sin llegar a cubrirlo), aceite y especias. Una vez realizada la anterior operación, se llevaba al horno, manteniéndolo a fuego mediano unos tres cuartos de hora hasta que se dorara ligeramente y quedara reducido el líquido. Cuando estaba en su punto, se le estrellaban varios huevos, se le espolvoreaban hierbas aromáticas y espliego, se rociaba el pescado con su líquido y se volvía a introducir en el horno hasta que cuajasen los huevos.

Otra receta general, para diversas clases de pescados, consistía en quitarles las escamas, limpiarlos y cortarlos en trozos. Se les añadía un poco de agua y se colocaban en una fuente, al tiempo que se preparaba un relleno de pan candeal migado, nueces y almendras machacadas y especias disueltas en agua de rosas. Se cubría con una torta fina de harina, doblando los bordes en el interior de la fuente en que se llevaba el pescado al horno. El tiempo de cocción estaba en función del dorado de la torta que lo cubría. Se servía en frío. Si observamos este plato, descubrimos que

Estepona. Cazuela.
Diámetro: de 30,5 a 10,5 cm.

tiene gran semejanza con nuestras actuales empanadas de pescado, muy corrientes en el norte de Portugal y en España, aunque no sean exclusivas de estas regiones.

En ocasiones, las recetas hispanoárabes de pescado buscan en éste únicamente el sabor y pretexto para una sopa o caldo. Tal es, por ejemplo, la "tafaya" verde, que podría ser el precedente de nuestro pescado en salsa verde. Para elaborar este plato podían utilizarse diversos tipos de pescado más o menos grandes. Una vez limpios y descamados, se cortaban en trozos poniéndolos en una fuente o puchero limpio. Se vertía sobre los trozos de pescado cocido el líquido de macerar hierbabuena, coriandro verde y cebolla, así como especias tales como pimentón, seco, jengibre, alcaravea y otras hierbas aromáticas. Hay que tener en cuenta que en muy pocas localidades y ocasiones, el pescado se comía fresco en Al-Andalus y tales aromas y especias enmascaraban el posible mal sabor de aquél. Se introducía en el horno para que se hiciera y redujese el caldo. Antes de servirlo se dejaba reposar durante cierto tiempo.

Cortegana. Cazuela.
Diámetro: 26 cm.

Existían en Al-Andalus otras variantes de estos guisos de pescado, algunas de las cuales tienen gran parecido con la moraga (del árabe "muhraqa", asado) que se prepara en diversas zonas del sur de España.

Las sardinas, en particular, eran objeto de un curioso uso, en el que, tras freírlas, se colocaban en una fuente con vinagre, almorrí de pescado, pimentón, coriandro seco, jengibre, canela, comino y tomillo. Se le añadían unas hojas de toronja para aromatizar el guiso. Se llevaban al horno y, después de que el caldo se consumiera, se servían.

Otura. Cazuela. Diámetro: 26 cm.

# POSTRES AZUCARADOS, DULCES Y PASTELES DE NUECES

Como hemos dicho anteriormente, la cocina hispanoárabe es, sin duda alguna, muy imaginativa y de gran poder nutritivo. En ciertos platos, seguramente, nos parece muy alejada de nuestro gusto actual, pero en otros casos se asemeja y entronca –como tendremos ocasión de comprobar más adelante– con la cocina española, tanto histórica como actual. El elemento árabe oriental está presente en muchos de sus platos, en el uso de determinadas especias, pero también rastreamos en ella elementos de la cocina preárabe de España, al igual que sus características serán permanentes en el arte culinario del sur y este de la Península Ibérica en los siglos posteriores.

Es en los dulces y postres azucarados, sin embargo, donde la imaginación de los gastrónomos andalusíes alcanza las más altas cotas y donde la influencia de la cocina de Al-Andalus llega hasta nuestros días.

Las "faludáy" o tortas de miel –llamadas así posiblemente por el patronímico de quien las inventó–, se hacían con buena miel, ligera y colada. Se ponían a fuego moderado en una sartén y se echaban dos onzas de almidón por cada libra de miel. Se movía la mezcla constantemente con una cuchara de palo y, a punto de cuajar, se añadían cuatro onzas de aceite por cada libra de miel utilizada, así como media onza de cera virgen. Si se deseaba que tuviera color, se echaba una cucharadita de azafrán por cada lado de la torta resultante. Se retiraba el aceite sobrante y se dejaba secar la referida torta. Estando todavía tierna, se espolvoreaba cumplidamente con almendras machacadas. Se colocaba después en una fuente untada con el aceite que se había retirado anteriormente. Se hacía una torta grande o varias más pequeñas.

Albox. Platos. Diámetros: de 23 a 134,5 cm.

Las "faludáys" se podían hacer también con una libra de azúcar y cuatro onzas de miel. Existía otra variante consistente en poner libra y media de leche, un cuarto de libra de almidón y una libra de aceite, añadiendo finalmente dos libras de azúcar blanca. Una vez en su punto, se servía en una fuente plana de barro.

Lucena. Plato grande.
Diámetro: 77 cm.

Las tortas de dátiles, miel y frutos secos son de una exquisitez equilibrada. Para hacerlas, se machacaba una libra de dátiles de la variedad llamada "samah" (grandes y carnosos) y se cocían prolongadamente a fuego lento. Se les añadía miel colada y sin espuma, moviendo la mezcla hasta que cuajase. En ese momento se echaban sobre la torta almendras y nueces peladas con un poco de aceite para evitar que se pegasen. En este punto se vertía sobre una bandeja untada ligeramente con aceite o mantequilla. Se utilizaba un molde para hacerlas redondas o se cortaban en tiras más o menos grandes, según gusto.

En el norte de África y en Al-Andalus se hacía un dulce llamado "pulseras para los niños". En el mismo se machacaban sin exceso almendras peladas y azúcar blanco. Se trabajaba la masa y se hacía una figura en forma de pulsera. Se elaboraba una torta con harina candeal y, antes de que secara, se colocaba la pulsera en el centro, enrollándola con el borde de la torta de harina. Se disponía en una fuente de barro enharinada y se llevaba al horno suave. En mitad del período de cocción –unos veinte minutos–, se procuraba darle la vuelta para que no se pegase y se cociera por igual. Era un dulce muy apreciado por los niños, a los que debía hacérseles en las fiestas y especialmente en la del "Achor" (que eran una especie de Reyes Magos para los niños andalusíes) y que se celebraba en el primer mes del año musulmán.

Úbeda. Cazuela chica.
Diámetro: 25 cm.

Otro de los dulces de fácil ejecución era el elaborado con una libra de azúcar molida, dos tercios de libra de miga de pan candeal muy triturada y huevos batidos. Se vertía la mezcla en una fuente y se le incorporaba una libra de aceite refinado y previamente calentado. Se movía el conjunto sin parar manteniendo siempre el fuego bajo, hasta que cuajara y se enfriase. Antes de servirlo, se espolvoreaba con azúcar, espliego y canela.

Se elaboraba en la cocina andalusí un dulce llamado "oriental" al que, –no se sabe por qué–, se le atribuían propiedades digestivas. Tiene, sin duda alguna, un excelente equilibrio de sabores. Se preparaba con almendras dulces recién peladas y finamente machacadas con el fin de extraerles su blanco jugo a través de un colador o palo. Se obtenía de este modo una leche de almendras ligera, a la que se añadía zumo de granadas, de manzanas reinetas, membrillo y calabazas dulces. El peso de la mezcla determinaba la cantidad de azúcar blanco que había de echarse. Se vertía el conjunto en un recipiente de barro y se llevaba al fuego bajo para que cuajase convenientemente. Se dejaba enfriar y estaba listo el postre. Con el fin de ayudar a los propósitos terapéuticos reseñados, al final se le podía agregar un poco de agua de rosas con alcanfor.

Bujalance. Jarra de cuatro bocas. Alt.: 28 cm.

Son infinitas las recetas de dulces con azúcar refinada, miel, almidón, agua de rosas y demás componentes: pastas con o sin levadura, buñuelos dulces rellenos, etc. Nos vamos a ocupar, sin embargo, de un dulce que, de forma casi idéntica, todavía se elabora en el norte de África en general, pero cuyo origen andalusí es evidente: los "ka'ab" o "cuernos de gacela". Se hacía la masa en una olla de barro con harina candeal, poniéndole un poco de levadura y dejando reposar la masa varias horas. Después se machacaban finamente almendras, mezclando su peso con la misma cantidad de azúcar blanco. Se removía la mezcla con un poco de agua de rosas. Se añadía al conjunto un poco de especias nobles y con esta mezcla se rellenaban tiras de la masa de harina y levadura que se había reservado anteriormente. Una vez envuelto el relleno de almendras y azúcar en estas tiras, se llevaba al horno a fuego

Andújar. Jarra de cuatro picos. Alt.: 22 cm.

moderado o, en variedad no elaborada en la actualidad, se freían los "ka'abs" con abundante aceite y finalmente se espolvoreaban con azúcar.

Granada. Fuente sevillana. Diámetro: 32 cm.

Más antiguas, evidentemente, son las recetas de postres contenidas en el manuscrito "Fadalát al-Jiwán": rosquillas rellenas de miel, rosquillas con relleno de azúcar y hojaldre con miel, canela y azúcar.

Las rosquillas rellenas de miel se elaboraban –según vimos al hablar de las tortas de miel– hirviendo la miel a fuego bajo al tiempo que se le quitaba la espuma para aclararla. A la miel se le agregaban restos de rosquillas anteriores (en lugar de la miga de pan, que, por supuesto, también podía utilizarse) y almendras peladas y machacadas. Con esta masa, como en el dulce llamado "pulseras para los niños", se hacían tiras que se rellenaban con miel y se les daba la forma de roscas más o menos grandes. En ocasiones, para el relleno, en lugar de la miel, se utilizaba un majado de dátiles. Asimismo, se le añadían especias.

La anterior receta se realizaba con un relleno de azúcar y almendras, en una proporción respectiva de tres a uno. Este relleno se envolvía en la pasta obtenida de la manera anteriormente citada. Otra variante consistía en una masa de harina candeal, levadura y sal, de forma similar al que nosotros llamamos "pan de aceite", en la que el relleno se obtenía con almendras machacadas y azúcar, en la proporción antes reseñada, dándole forma de tiras.

El hojaldre de la cocina hispanoárabe, según consta en el manuscrito "Fadalát al-Jiwán", era más dulce que el que actualmente se elabora en la cocina norteafricana. Los andalusíes lo hacían con sémola o harina candeal, agua y sal. Esta masa se trabajaba concienzudamente y, a continuación, se derretía manteca y se untaba con ella unas tortas finas que se llevaban al fuego en una sartén. Una vez fritas, se iban colocando en un recipiente tras es-

Bailén. Plato "de a diez". Diámetro: 36 cm.

Albox. Juego de platos. Diámetro: 33 a 14,5 cm.

polvorearlas con canela y azúcar. El recipiente, de barro generalmente y boca ancha, se tapaba con un paño. Cuando se acababan de freír todas las tortas, ya en el recipiente anteriormente descrito, se regaban con miel caliente aclarada al fuego. Salvo en el baño de miel (que también se utiliza), estas tortas andalusíes nos recuerdan los "mesames" del norte de África.



# LAS SALSAS Y OTROS COMPLEMENTOS DE LA COCINA HISPANOÁRABE

## La salsa almorrí

Esta salsa, como hemos visto, es la que caracteriza a la gastronomía andalusí. Su origen posiblemente es oriental, aunque tomado de los griegos. Ahora es difícil rastrear dicha salsa en otras de la misma base y componentes de la cocina árabe de Oriente o del norte de África.

Había dos clases de almorrí: uno elaborado con zumo de uva diluido en agua a la que se añadían especias; otro almorrí, más popular, que se preparaba con miel quemada, pan asado rallado y especias. Todo ello se diluía en agua a voluntad, según se deseara más o menos sabor. Este almorrí, más barato que el anterior, se estimaba que era perjudicial para la salud y producía melancolía como hoy día decimos de la cocina elaborada con mantequilla.

Había también un almorrí para el pescado, que debía ser salado, y otro con idéntico fin que se dejaba fermentar y era de sabor más fuerte. No hay que olvidar que el pescado, como hemos dicho, no llegaba al interior de la Península en estado fresco y el sabor del almorrí encubría el desagradable sabor del pescado pasado.

## La salsa de vinagre

Cortegana. Plato grande. Diámetro: 32 cm.

Se empleaba con importantes usos en la farmacopea árabe. Existían varias clases: una salsa de vinagre blanco, elaborado con uva blanca, que poseía gran pureza y sabor. Otros tipos de vinagre se obtenían de la fermentación de uvas negras. Los andalusíes consideraban que el vinagre aumentaba el sabor original de los alimentos.

## La mostaza

Granada. Azucarero. Alt.: 15 cm.

Se elaboraba con granos de la planta llamada mostaza. Si éstos no eran muy recientes y con el fin de evitar su amargor, se lavaban con agua caliente. Cuando los granos de mostaza eran del tiempo, no se requería esta precaución; tenían sabor fuerte y no amargaban. La salsa de mostaza se preparaba en dos fases: en una primera se molturaban los granos ligeramente, y se lavaban después con agua caliente. Una vez sacados del agua, se molían intensamente. Se agregaba vinagre a la mostaza molturada y la pasta obtenida volvía a molerse nuevamente hasta conseguir una pasta fina a la que se añadía almendra muy molida para aumentar su blancura y reforzar su sabor. La mostaza era muy empleada en numerosos platos de la cocina hispanoárabe, tanto de carne como de pescado.

## El pan

Complemento de la cocina hispanoárabe era el pan que, –como hemos visto–, se elaboraba en casa o fuera de ella. En este último caso, las piezas se marcaban con una señal o sello de madera para distinguirlos de las de otras casas. En las casas, el atanor era, además de brocal de pozo en barro, horno portátil apto para cocer el pan y otros platos[5].

Granada. Fuente de cuerda seca. Diámetro: 26 cm.

Los hispanoárabes elaboraban un pan de trigo o sémola, nunca de mijo o cebada como los hispano-godos. Cuando se utilizaba la sémola en la elaboración del pan, siempre se le ponía sal a la mezcla de sémola y agua y se amasaba, se le añadía la levadura y se dejaba reposar la masa un cierto número de horas, al menos seis. Con la harina de trigo, una vez añadida la levadura, era menor el tiempo durante el que había que dejar reposar la masa.

Lucena. Salero. Alt.: 13 cm.

## Las aceitunas

Importante complemento de la mesa arábigo-andaluza eran las aceitunas, que los andalusíes debían preparar en febrero o marzo (como todavía se lleva a cabo en los medios rurales del sur y este de España y cada vez menos en las ciudades), machacándolas previamente y metiéndolas después en salmuera. No se nos dice si añadían ajo, tomillo y vinagre, como actualmente se hace en Andalucía, pero parece posible que también lo hicieran.

Los andalusíes dejaban secar unos días las aceitunas antes de ponerlas en salmuera, en un recipiente grande de cristal o en orzas de barro vidriado, exactamente igual que se hace hoy. Para evitar la oxidación y cambio de sabor, se las cubría con aceite, tapando la cubierta o tapa del recipiente con barro o cera y se dejaban como mínimo mes y medio antes de consumirlas en la mesa.

[5] G. Rosello Bordoy: *El nombre de las cosas en Al-Andalus: una propuesta de terminología cerámica*, Palma de Mallorca, 1991.

# Las ideas bromatológicas de los andalusíes

Granada. Búcaro del número 4. Alt.: 25 cm.

Hasta aquí nos hemos ocupado, no exhaustivamente por supuesto, de los principales platos y alimentos de la cocina hispanoárabe. Quedan múltiples extremos que puede que el tiempo nos aclare. Por ejemplo: ¿cuál era la cocina de los árabes llegados a España en el siglo VIII? ¿Qué evolución tuvo dicha cocina en España, al entrar en contacto con los hispanorromanos e hispanogodos? ¿Cuál era el estado de salud de los andalusíes en función de la dietética conocida? Algunas de estas preguntas pueden ser respondidas ya, a la vista de los conocimientos científicos y los documentos medievales que poseemos.

Sobre las propiedades que los hispanoárabes atribuían a los distintos alimentos tenemos una idea clara a través del códice número 5.240, antiguo 893, de la Biblioteca Nacional de Madrid, titulado "Kalám 'alà al-agdiya" (*Tratado sobre los alimentos*) del granadino Abu Bakr 'Abd-al-Azíz B. Muhammad B. 'Abd-al-'Azíz B. Ahmad Al-Arbulí, estudiado por el profesor Díaz García, de la Universidad de Granada. Aunque de principios del siglo XV, su contenido es indicativo de los prejuicios y preferencias de los andalusíes respecto a las comidas, pues en el mismo se reflejan opiniones de Al-Razi, Yahyà Ibn Masawayh y otros autores.

Entre los cereales, sus preferencias iban hacia las comidas elaboradas con harina de trigo por ser más saludable y "generar una sangre equilibrada y excelente". Merecían menos aprecio las comidas con harina de cebada, sorgo, panizo o frijoles, por estimar que tenían menos alimento.

Cortegana. Taza y tazón. Diámetro: 10 y 13 cm.

El arroz, aun considerándolo astringente, aconsejaban se comiera con leche o manteca y azúcar.

Era buena la opinión que tenían los hispanoárabes sobre las comidas con garbanzos, que consideraban diuréticas y nutritivas. Aconsejaban, sin embargo, comerlos con tomillo, sal y pimienta.

Era escaso el aprecio de los andalusíes hacia las lentejas y mayor el que sentían por las alubias, que calificaban de muy nutritivas. En su cocción recomendaban, como en el caso de los garbanzos, utilizar tomillo por ser éste antiflatulante.

Granada. Jarro de vinagre pequeño. Alt.: 24 cm.

Los andalusíes preferían el pan fermentado con levadura y con harina candeal a otros tipos como el ácimo y el de aceite.

Entre las carnes, la de cordero era la más apreciada, siguiéndole la de carnero, borrego, oveja lechal y vaca. En el vacuno, las preferencias andalusíes se dirigían a la carne de ternera y preferían las carnes guisadas a los asados.

Lucena. Aceitera. Alcuza. Alt.: 18,5 cm.

En cuanto a los dulces, los andalusíes dirigían sus preferencias a los "faludáys" o tortas de miel y almidón, cuya receta hemos reseñado al hablar de la dulcería en la cocina hispanoárabe.

# Palabras de origen árabe de alimentos, comidas y utensilios de cocina en el español

## A

**ACEBIBE:** del árabe "al-zabíb", uvas pasas.

**ACEITUNA:** del árabe "al-zaytúna", aceituna.

**ACELGA:** del árabe "al-silqa", "al-salqa", acelga, aunque posiblemente derive del turco "schalgam".

**ACEMITE:** del árabe "al-semíd", flor de harina.

**ACÍBAR:** del árabe "al-sibr", acíbar.

**ACORDA:** del árabe "al-torda", migas de pan cocido, según Fray Pedro de Alcalá.

**ADARGAMA:** del árabe "al-darmaka", pan blanco, harina candeal.

**ADAZA:** del árabe "al-duqsa", grano parecido al mijo.

**AJENGIBRE/JENGIBRE:** del árabe "al-zenyebíl", del latín "amomum zingiber".

**ALADROQUE:** del árabe "al-raqrúq", anchoa no salada.

**ALAXU, ALAXUR, ALFAXU o ALFAXUR:** del árabe "al-hasú", "alajú", dulce de varias regiones de España. Según Covarrubias, "cierta pasta que hacen los moros".

**ALBACORA:** del árabe "al-bakúra", higo o breva precoz.

**ALBACORA:** en portugués, nombre de un túnido de la familia del bonito o atún.

**ALBARICOQUE:** del árabe "al-barqúq" albaricoque.

**ALBOROQUE:** del árabe "al-burúk" "al-barák", agasajo, banquete, propina.

**ALCACEL:** del árabe "al-qasíl", orgo verde. También se emplea para el trigo.

**ALCACI, ALCARCIL, ALCAUCIL:** de "al-qasíl", alcachofa.

**ALCACHOFA:** del árabe "al-harsúf", vegetal comestible.

**ALCANDÍA:** del árabe "al-qandiyya", trigo, que en español da "candeal" y en portugués "candil" y "candial". Procede del latín "cand".

**ALCAPARRA:** del árabe "al-kabar" o "al-qabar", alcaparra.

**ALCARAVÁN:** del árabe "al-karawán", ave nocturna.

**ALCARAVEA:** del árabe "al-karawiya", simiente de hierba aromática.

**ALCAZUZ:** del árabe "irq al-sús", raíz del sús, hierba aromática.

**ALCOHELA:** del árabe "al-quhíla", achicoria.

**ALCOLLA:** del árabe "al-qol-la", medida de aceite.

**ALCORZA:** del árabe "al-qorsa", pasta de azúcar y almidón.

**ALCUZA:** del árabe "al-kúza", vasija de aceite.

**ALCUZCUZ, ALCUZCUZU, ALCOSCUZU:** del árabe "al-kuskús", comida de origen sudanés, introducida en Al-Andalus a finales del siglo XIII. Se hace a base de sémola. P. de Alcalá la describe como "hormigos de massa".

**ALDORÁ:** de "al-dúra", aldorá, cereal.

**ALEXUXAS:** del árabe "al-yesís", especie de gachas de harina de orgo.

**ALFAJOR:** del árabe "al-fasúr", dulce.

**ALFELOA:** del árabe "al-heliwa", dulce de azúcar. En portugués dio "alfelociro", confitero.

**ALFENIQUE:** del árabe "al-faníd", pasta hecha de azúcar y aceite de almendras dulces.

**ALFICOZ:** del árabe "al-faqús", concombro.

**ALFITETE:** del árabe "al-fitata", pasta quebrada. Fray P. de Alcalá le da también el sentido de "mendrugo".

**ALFÓCIGO, ALFOSTIGO, ALFÓNSIGO:** del árabe "al-fustúq", pistacho.

**ALGARROBA:** del árabe "al-harrúb", algarroba.

**ALHADA:** del árabe "al-hadda", comida de sabor de ajo, sabor fuerte.

**ALIFA:** del árabe "al-šarífa", tipo de caña de azúcar.

**AJEDREA:** del árabe "al-šatriyya", planta de adorno y condimento.

**ALJIFARA:** del aragonés, procede del árabe "al-hifara", convite o regalo en metálico tras una compraventa. También, impuesto de protección. En catalán y valenciano adopta la forma de "aligala".

**ALJOFAINA, JOFAINA:** del árabe "al-hufayna", vaso o fuente de barro.

**ALJONJOLÍ, AJONJOLÍ:** del árabe "al-yulyulán", sésamo.

**ALLOZA:** del árabe "al-lawza", almendra verde.

**ALMÍBAR:** del árabe "al-mibrát", azúcar disuelto en agua al que, una vez cocido, se añade vinagre.

**ALMIREZ:** del árabe "al-mihrás", almirez.

**ALMIRÓN:** del árabe "al-mirún", chicoria salvaje.

**ALMIDÓN:** del árabe "al-madhún", fécula blanca de varias plantas. Dozy da con este mismo sentido "almodón".

**ALMODROTE:** posible mozarabismo, del árabe "al-matrúq", machacado.

**ALMOJABANA:** del árabe “al-muŷábana”, torta de harina con relleno de queso.

**ALMORÍ:** del árabe “al-murí”, dulce elaborado con harina, sal, miel, palmitos y otros componentes.

**ALMORRÍ:** del árabe “al-murrí”, amargo, de sabor fuerte. Se daba este nombre a la salsa andalusí de la que existían dos variedades. En su composición entraba el zumo de uva, miel, sal, etc.

**ALMOXAMA:** del árabe “al-mušamma”, mojama.

**ALOQUE, HALOQUE:** del árabe “al-halúqi”, vino tinto claro.

**ALTRAMUZ:** del hispanoárabe “turmús”, “tarmus”.

**ALUBIA:** del árabe “al-lubiya”, judía, alubia.

**AMEIXA:** del árabe “al-mišmáš”, ciruela, albaricoque.

**ARAC, ERRACA:** del árabe “al-‘araq”, jugo de palmera fermentado.

**ARCADUZ:** del árabe “qadús”, arcaduz, conducción de agua.

**ARROBA:** del árabe “rub”, arroba, medida de sólidos.

**ARROPE:** del árabe “al-rubb”, mosto cocido, zumo de pasa, miel, etc.

**ARROZ:** del árabe “al-ruzz”, arroz.

**ATAHONA, TAHONA:** del árabe “al-tahúna”, horno de pan.

**ATAIFOR:** del árabe “tayfor”, plato hondo para servir. También, mesa redonda para comer.

**ATALVINA, TALVINA:** del árabe “al-talbina”, gachas de harina, leche y miel.

**ATANOR:** del árabe “tanúr”, conducto de barro u otros materiales para conducir el agua.

**AXARABE, XARABE, JARABE:** del árabe “al-šaráb”, bebida.

**AZAFRÁN:** del árabe “al-zafrán”, azafrán.

**AZANORIA, ZANAHORIA, AZAHANORIA, ACENORIA:** del persa “al-isfanariya”, zanahoria.

**AZÚCAR:** del árabe “al-sukar”, procedente a su vez del persa “al-šakar”, azúcar.

**BATAFALUA, MATAFALUA, MATAFALUGA, MATALAHÚGA, MATALAHÚVA:** del árabe “habba halwa” (grano dulce), anís.

## B

**BELLOTA:** del árabe “bal-lúta”, bellota.

**BERENJENA:** del persa “badinŷán”, berenjena.

## C

**CAFÉ:** del árabe “qahwa”, café, aunque en español este término procede del francés.

**CAHÍZ:** del árabe “qafíz”, cahíz, medida de sólidos.

**CANDIL:** del árabe "qandíl", pl. "qanádil", candil.
**CÁRAMO:** del árabe "hamr", vino.
**CAZUELA:** del árabe "al-qasa", vasija redonda y de barro.
**COLIFLOR:** del árabe "qunnibít", o coliflor.
**CUBEBA:** del árabe "kabába", especia parecida a la pimienta.
**CÚRCUMA:** del árabe "kurkúm", semilla utilizada como condimento.

## CH

**CHIRIVÍA:** del árabe "karawiya", endibia. Procede de la voz aramea "hindiba" o "hindibu".

## E

**ESCABECHE:** del árabe "sikbáŷ" o "sikoeŷ", escabeche.
**ESTRAGÓN:** del árabe "al-tarsún".

## G

**GACHAS:** del árabe "kašk", agua de cebada, aunque el profesor F. Corriente considera que es más probable proceda del persa "kaškaw". En español el término procede del árabe.
**GARRAFA:** del árabe "al-rairba", odre.
**GELATINA:** del árabe "ŷeld", hielo.
**GUISANTE:** del árabe "ŷul-labán", guisante.

## J

**JALEA:** del árabe "hali'a".
**JAPUTA:** del árabe "šabbút", pez grande, de menor tamaño que el pez espada, pero que en algunas regiones del sur de España confunden con éste.
**JARRA:** del árabe "ŷarra", vasija de barro o metal.
**JOTA:** del árabe "fot-ta". potaje de bledos, borrajas, etc.

## L

**LEBRILLO:** del árabe "libríl", pl. "librilát", recipiente.
**LIFARA:** del árabe "hifara". En aragonés, convite o regalo.
**LIMÓN:** del árabe "laymún".
**LUQUETE:** del árabe "luqát", corteza de limón o naranja.

## M

**MATALAHÚGA:** del árabe "habbat al-halwa" (grano dulce), anís.

**MORAGA, MAURACA:** del árabe "muhraq", moraga, guiso de sardinas muy corriente en Andalucía. Significa también asado.

**MAZORCA:** del árabe "masrúqa", mazorca.

**MENDRUGO:** origen incierto. Parece proceder de "matrúq", tocado, empezado, pero también podría derivar de "matrúk", dejado, abandonado.

**MOJARRA, MOHARRA:** probablemente del árabe "muharrab", afilado. Pez de forma alargada y estrecha.

**MOJI:** del árabe "mohší", cazuela de -, relleno, alfajor.

**MORCILLA:** del árabe "mirkás", embutido similar a la morcilla.

## N

**NARANJA:** de "narandŷ". De posible origen persa, al castellano llega a través del árabe.

## R

**REDOMA:** del árabe "radúma", redoma.

**REGUEIFA:** de "ragífa", hornazo, dulce.

## S

**SANDÍA:** de "sindiya", sandía.

**SÉSAMO:** de "simsim", sésamo.

## T

**TAGARNINA:** del árabe "garnín" y el prefijo beréber "ta", vegetal.

**TAMARINDO:** del árabe "tamar hindi", dátil de la India.

**TAZA:** del árabe "tasa", escudilla, vasija pequeña.

**TORONJA:** del árabe "turunŷ", derivado a su vez del persa.

## X

**XABI:** del árabe "šá'bi", manzana salvaje. En Granada se aplicaba también a una uva silvestre.

## Z

**ZAFA:** del árabe "sahfa", pl. "siháf", recipiente de metal o barro.
**ZUMO:** del árabe "zum". Usado también en Al-Andalus, según el profesor F. Corriente[6].

[6] F. Corriente: Apostillas de lexicología hispanoárabe. II Jornadas de Cultura Árabe e Islámica. Madrid, 1980.

# LA COCINA HISPANO-JUDÍA

Con el nombre de cocina hispano-judía, judeo-española o sefardí intentaremos acotar en el presente capítulo la realidad cultural e histórica de los hábitos culinarios y gastronómicos de Sefarad, de religión hebraica, antes y después de su forzada salida de la Península Ibérica, excluyendo las posibles influencias de las cocinas eslavas, griega, turca o árabe oriental de los países de acogida de estas comunidades tan entrañablemente hispanas. Tampoco se recogerán aquí recetas o platos de origen portugués en la cocina sefardí y de otras cocinas del norte de África, tema del que prometo tratar en otro análisis ya iniciado.

Dentro de aquel modelo de convivencia y mutua influencia cultural entre las diferentes razas y religiones que se dio en Al-Andalus, no es de extrañar que determinados platos de la cocina judía fueran acogidos por la sociedad andalusí de etnia árabe –según hemos visto en algunas recetas de la cocina hispanoárabe incluidas en el capítulo anterior–. No dudamos que lo mismo ocurriría respecto a la cocina árabe o cristiana en las comunidades judías siempre que estas cocinas no pugnasen con los hábitos o normas religiosas hebraicas.

Órgiva. Cantimplora. Alt.: 19 cm.

Los ejemplos de lo que afirmamos son múltiples, valgan como muestra los siguientes:

Níjar. Taza y tazón. Diámetro: 13 y 15,5 cm.

El "aljasú" de los sefardíes actuales (elaborado con bizcocho desmenuzado o raspaduras de pan ácimo, almendras, nueces u otros frutos secos y previamente tostados, trabajado y cocido en miel) con las naturales variantes, procede del dulce árabe andalusí "al-hasú", de la raíz "hasá o ahsa", rellenar, de idéntico origen que nuestro dulce conocido por alajú.

El "morteruelo", plato distinto y con diversas variantes a las que aludiremos en el capítulo sobre la influencia árabe y judía en la cocina española actual, existe entre los sefardíes actuales bajo la denominación de "almodrote" y parece derivar de un plato cristiano, mozárabe en concreto, que originariamente indicaba "una salsa compuesta de aceite, ajos, queso y otros ingredientes".

Jimena de la Frontera. Botija arriera. Alt.: 26 cm.

El ritual guiso judío llamado "jamín" o "hamín" (pues ambas grafías son válidas), de tradición milenaria, consistente en una carne cocida con trigo que se prepara desde el viernes, conservándolo al calor del horno para comerlo el sábado, parece estar en el origen de la "harísa" hispanoárabe y de los guisos de trigo actuales en zonas rurales españolas. La "harísa", sin embargo, evolucionaría para elaborarse igualmente con arroz y carne, según se ha mencionado.

Carmona. Botija. Alt.: 26,5 cm.

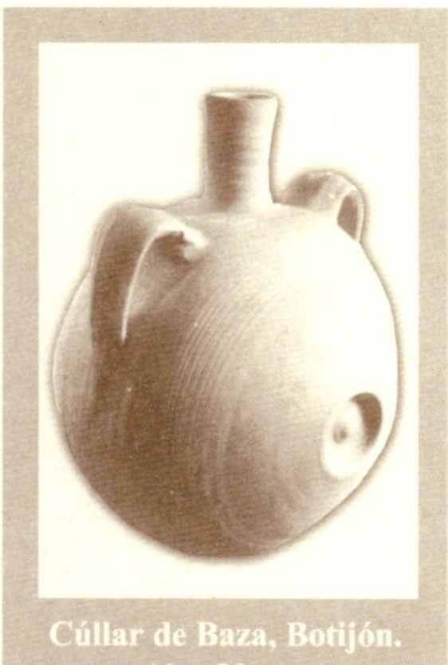
Cúllar de Baza, Botijón. Alt.: 39 cm.

Entre los sefardíes de Oriente Medio es frecuente el uso de la palabra "ajada"[7] designando con ello el "alioli" catalán, aunque es difícil determinar si originalmente no tiene el mismo origen mozárabe del "almodrote", al que nos hemos referido anteriormente.

En Salónica llaman los hispano-judíos "fijones" o "avas" a las habichuelas. En Esmirna y otras juderías se las llama "avas" también.

A través de los ejemplos expuestos es clara la complementariedad e integración de las cocinas de Al-Andalus (el caso del alcuzcuz, el alcuzcuzo de nuestra cocina clásica,

---

7 José M. Estrugo: *Datos y apuntes sobre los sefardíes*. Edit. Bermejo, Madrid, 1959.

Osuna. Tinaja.
Alt.: 91 cm.

es posterior). Es en la última parte del Reino nazarí de Granada, cuando como moda procedente del Sudán a través del Reino de Fez, se introduce este plato que es adoptado con entusiasmo por los granadinos. No está demostrado en documento alguno que entonces adoptara la cocina hispano-judía este manjar sudanés. Fue después, en los países de acogida norteafricanos, cuando las comunidades judías adoptaron en su gastronomía este sustancioso alimento.

Así pues, se hace difícil establecer una cronología exacta y fijar prioridades en la introducción en una u otra cocina de determinados platos. No son abundantes las referencias literarias ni los documentos al respecto. Hay que recurrir, por lo tanto, al abordar este complejo tema a otras fuentes auxiliares, entre ellas la crítica lexicográfica. Los términos "massa" y "cenceño" del hispano-judío constituyen un ejemplo: "cenceño" figura en el Diccionario antiguo de Covarrubias como "tortas sin levadura".

La palabra "letrea/alitrea/aletría" 'fideos, tallarines', es otro ejemplo de lo que venimos diciendo. En Marruecos se dice "letrea"; en Salónica se utiliza la voz "alitrea". Nuestro Diccionario de la Real Academia registra el término como "aletría", 'fideos', puntualizando que es palabra de la región de Murcia.

Unas breves referencias, finalmente, a la especificidad de la cocina hispano-judía por razones confesionales. La Ley Mosaica determina taxativamente las normas a seguir en materia de alimentación. En el Levítico está especificado el tipo de animal, pez o ave que puede servir de alimentación al creyente. Los animales han de ser sacrificados por la persona designada y experta, el "chohet". Existe también un quesero ritual. El vino como bebida debe ser obtenido por el trabajo de judíos, el llamado "vino judío", que no puede salir de la comunidad. El vino elaborado por los no judíos se considera impuro, pero puede ser comercializado por el judío.

Lucena. Botija.
Alt.: 25 cm.

Almuñécar. Cántaro.
Alt.: 39 cm.

Estas normas rígidas, de carácter religioso, hicieron que la gastronomía hispano-judía se considerara en algunos momentos de la Historia como excesivamente frugal e incluso pobre. No es cierto, sin embargo, como vamos a ver a través del recetario incluido en las páginas que siguen. Béatrice Leroy[8] aporta el interesante dato de que en Ciudad Real, cuando venía un forastero, se le aconsejaba ir al barrio judío para estar bien alojado y comido.

Hay que aludir, antes de finalizar esta breve introducción a la cocina hispano-judía, que existe distinta observancia entre las reglas o normas jurídico-religiosas sefardíes y askenazíes (los judíos procedentes del centro y este de Europa) en lo que a la comida se refiere y en otros puntos rituales e incluso mentales. Los askenazíes siguen las decisiones del rabino Isserles; en tanto que las comunidades judías sefardíes –tanto del norte de África como de los Balcanes, Turquía, Asia, África o América– observan en su vida diaria las prescripciones formuladas por el hispano-judío Yossef Caro (1488-1575) en su "Chulhan Aruj", compilación de costumbres y ritos religiosos, entre ellos los relativos a los alimentos y su preparación.

La Rambla. Cántaro.
Alt.: 42 cm.

A continuación, como hicimos en el caso del recetario hispanoárabe, se incluye una síntesis de la gastronomía sefardí. En la misma, se han procurado recopilar sólo aquellos platos hispano-judíos de posible origen en Sefarad, eliminándose aquellos otros de influencia norteafricana, eslava, griega, turca o árabe oriental, consideradas menos entrañables para el lector hispano, aunque se hallen incluso más en los hábitos culinarios de los judeo-hispanos del norte de África, Levante o Norteamérica, por ejemplo.

Bujalance. Cántaro.
Alt.: 49 cm.

8 Béatrice Leroy: *L'Aventure séfarade*. Edit. A. Michel, París, 1986.

Al final de este libro se incluye la bibliografía existente sobre la gastronomía hispano-judía en español u otros idiomas. Como apéndice de este capítulo aparece un glosario de voces de alimentos, platos o útiles del judío español.

## La cocina hispano-judía

La cocina sefardí se caracteriza especialmente por los platos fritos. Es una cocina mediterránea que gusta de alimentos frescos –verduras, frutas y carnes no grasas– en la que apenas se utilizan los alimentos ahumados o salados. Utiliza en gran proporción la carne de vacuno y cordero, en buena parte picada en forma de albóndigas y croquetas.

"El "fijón" (fidshón), mezcla de carne en trozos (chambarete) y alubias, es un plato que no falta en la mesa del sefardí por lo menos una vez a la semana, en Salónica, donde es muy popular el "rakí" (anís) con huevos enjaminados. Estos huevos se preparan duros y se cocinan con su cáscara en una olla a la que se echa una cucharada de café y una cebolla. Los sábados por la mañana y los días festivos los huevos enjaminados y el "rakí" se comen con un pastel especial hecho de queso mezclado con huevos o con berenjena asada en verano, y con carne, calabaza y espinaca en invierno"[9].

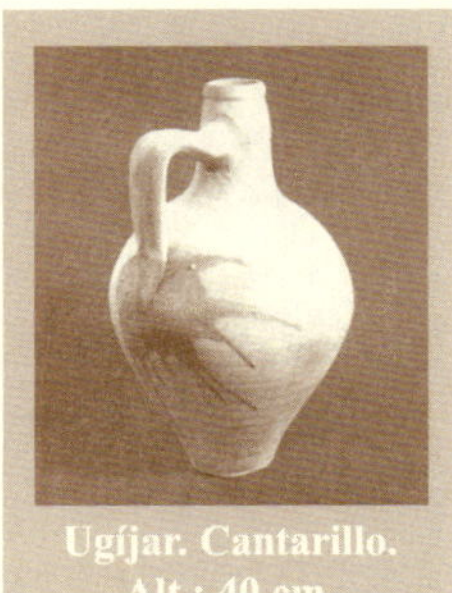
Ugíjar. Cantarillo. Alt.: 40 cm.

Puente Genil. Cántaro. Alt.: 40 cm.

Los platos de arroz en la actual cocina judeo-española con frecuentes. Su utilización en el pasado, sin embargo, era muy limitada: en los platos de festividades y con ocasión de luto. También es relativamente reciente la utilización del aceite de oliva; la cocina sefardí prefería el aceite de ajonjolí. Hoy día se utilizan ambos, pero preferentemente el aceite de oliva. Por razo-

[9] *Enciclopedia judaica castellana*. Edit. Enciclopedia Judaica Castellana, México, 1948, pág. 43.

nes rituales se emplea margarina en esta cocina, no mantequilla.

Una de las características de la actual cocina judeo-española o sefardí es su variedad. En la misma queda reflejada, no sólo la cocina tradicional española con sus diferentes antecedentes históricos, sino el enorme caudal general de la cocina mediterránea, como dijimos anteriormente. También es evidente en la cocina sefardí la influencia de los diversos países de acogida de las diferentes comunidades desde el siglo XV.

La Línea de la Concepción. Cántaro. Alt.: 36 cm.

No es tarea fácil buscar los orígenes comunes de determinados platos dentro de esta gran riqueza culinaria de la gastronomía sefardí. El criterio diferenciador de los ingredientes no es determinante: la hoja de "fila" u hojaldre es común a todas las cocinas occidentales; el queso blanco es materia básica universal; el "kachkaval" es específico de la cocina turca; las hojas de parra en salmuera tienen un indudable origen griego... El tomate, el pimiento y las patatas mismas, que son amerindios, llegan a la cocina occidental a través de España a partir del siglo XV y, por consiguiente, pudieron ser utilizados por los sefardíes antes de salir de la Península Ibérica. Los problemas, pues, son insolubles...

Puente Genil. Cántaro (tipo Vélez-Málaga). Alt.: 40 cm.

Trigueros. Cántaro. Alt.: 39 cm.

Así pues, al hablar de la cocina sefardí, hay que distinguir una cocina ritual, común, y diversas gastronomías según los diversos países de acogida. Hay otra cocina hispano-judía de la que no se habla, pero que también existió y ha quedado integrada en la cocina general sefardí: la de los hebreos que vivieron en todo momento en la España cristiana[10].

[10] Geoffrey Wigoder: *Art et civilisation du Peuple juif*. Edit. Vilo, París, 1973, pág. 121: "Se sabe poco sobre el estado de la población judía de la Península en los primeros tiempos de dominación musulmana. Se ignora también si había judíos en los últimos centros de resistencia, dirigidos por nobles cristianos, en el norte".

La cocina ritual es, pues, una cocina integradora. Existe también una cocina de festividades. Por ella empezaremos, continuando después con el resto de la cocina judeo-española.

Afirmaba Maimónides que las leyes de dieta, el "kashrut", sirven a dos propósitos: limitan toda manifestación de deseo y evitan que el hombre considere el alimento y la bebida como la meta final de toda existencia humana. Lo que llamamos cocina ritual busca por ello un consumo y selección de los alimentos de acuerdo con la tradición y rito. Los preceptos al respecto vienen de la Biblia (Levítico, Cap. II) y del Código rabínico de Yocef Caro (1575) al que hemos aludido anteriormente. Una breve alusión a este complejo tema confesional de la cocina sefardí en general parece, pues, necesaria.

Las carnes permitidas son las de los cuadrúpedos rumiantes que tengan pezuña hendida. De los pescados únicamente están permitidos los que tengan aletas y escamas; son "Pareve" (neutros) pero no deben cocinarse en el mismo recipiente o sartén que se utiliza para cocinar carne. En la cocina judía es norma taxativa no mezclar alimentos de carne con los de leche y sus derivados, de ahí la prohibición de utilizar grasas animales. Los huevos y las verduras son alimentos "Pareve" (neutros) que pueden cocinarse con carnes o alimentos lácteos.

Alhabia. Cántaro.
Alt.: 55,5 cm.

Las festividades hebreas con trascendencia gastronómica, además del motivo principal religioso, son: el PESAJ, la fiesta de la liberación de los israelitas de la cautividad en Egipto. Se celebra del 14 al 21 del mes de Nisán (marzo-abril). Es una fiesta familiar que dura una semana. Durante estos días, de sentido religioso y familiar, se procura que la casa no tenga levadura –el "Jametz"– ni alimentos o bebidas fermentadas. Tanto el pan como los cereales se sacan de la casa. Se utiliza una vajilla especial del Pesaj que existe en todos los hogares. Los cubiertos y vasos a utilizar se someten a una operación de purificación con agua hirviendo.

Cortegana. Cántaro. Alt.: 18,5 cm.

Otra festividad de carácter religioso y telúrico es la JAMISHA ASAR B'SHEVAT, que se celebra el 15º día del mes de Shevat y es llamado el "Año Nuevo de los Árboles", el día en que se honra la eterna renovación de la Naturaleza. Durante esta fiesta religiosa se sirven frutas en las sinagogas y en el hogar se sirve una cena extraordinaria.

El BRIT MILA es la ceremonia de circuncisión de un varón en el octavo día de su nacimiento. Se comen en esta ceremonia vinos, galletas, huevos, "blintzes" o tortitas, ahumados, quesos, pasteles, etc.

La fiesta llamada PIDYON HABEN es la fiesta de redención del hijo primogénito de un matrimonio que no pertenece a la estirpe de los Kohen o Leví. Se celebra en el trigésimo día del nacimiento y, aparte de su sentido religioso, en el aspecto gastronómico se sirven pasteles, vinos, dulces de miel, etc.

La fiesta llamada BAR MITZVÁ se celebra cuando el hijo varón cumple 13 años, que es cuando adquiere obligaciones respecto a la comunidad. Por eso, la traducción de la denominación de esta fiesta es "hijo del mandamiento" o "hijo de la obligación". Además de las ceremonias religiosas en la sinagoga, se sirven galletas de huevo, diversos platos especiales, carnes, pirogen, kugels, Tzimmes, etc.

Existen menús especiales para cada una de estas fiestas que, para los interesados en el tema, resume magistralmente Rosa Fishleder de Landau[11] en su excelente libro sobre la cocina hebrea. Nosotros queremos ceñir este recetario a la cocina sefardí.

La fiesta del PURÍM, que se celebra el 14º día del mes de Adar (febrero-marzo) es una fiesta muy similar a nuestras fiestas de carnaval. Los familiares y amigos se reúnen e intercambian regalos. Se festeja, en el aspecto religioso, aunque no reviste especial carácter religioso, la victoria de Mardoqueo sobre Amán, Primer Ministro de Persia. Mardoqueo

---

11 Rosa Fishleder de Landau: *Libro de Oro de la Cocina Hebrea*. Caracas, 1990.

era tío de Esther y entre ambos lograron evitar la destrucción del pueblo hebreo. El día antes del Purím se celebra un día de ayuno. Gastronómicamente, es un día notable; existe incluso un dulce especial de esta fiesta: los dedos de Amán, de los que se hablará en su momento.

Hay otras fiestas como las de LAG BAOMER o la JANUKA, una triste y otra alegre y de gran sentido lúdico e infantil, que en el aspecto culinario no revisten interés para nosotros.

Con motivo de festividades, se usan comúnmente también los siguientes manjares:

BANITZA DE ESPINACAS: Es un pastel (tartaleta) relleno de espinacas que se come como ensalada en Bulgaria.

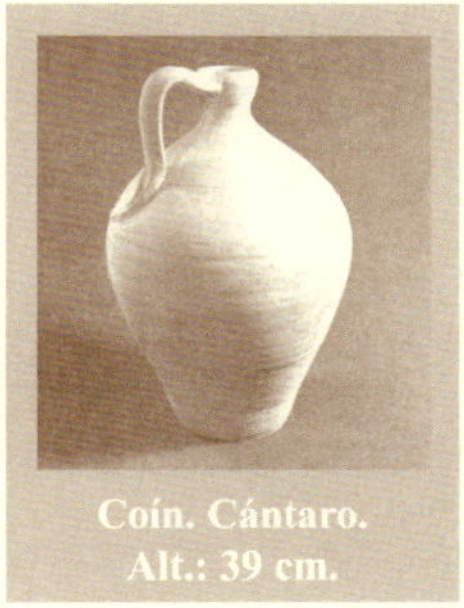
Coín. Cántaro.
Alt.: 39 cm.

BOLLOS: Panecillos redondos, de masa de levadura con mucho aceite, relleno de queso, huevo, espinaca o berenjena (Esmirna).

BORRECAS: Quesadillas, consistentes generalmente en una capa de queso en medio de la masa. En Jerusalén se comen el sábado por la mañana. Las hay también rellenas de nuez o de almendras.

Jimena de la Frontera.
Cántaro. Alt.: 40 cm.

BRUMUELOS O BURMELOS: Buñuelos de "matzá" mojada, preparada con huevo. Se fríen y se comen untados de miel, en Pesaj.

El MONTE o SIETE CIELOS: Pastel representando el Monte Sinaí con escaleras de los lados, figuritas, las tablas de la Ley, etc. Se hace para la fiesta de Pentecostés.

FRENKIS HENCHIDAS: Tomates rellenos con carne y arroz. De carácter parecido son papras henchidas (pimentón dulce relleno).

FRIJALDICAS: Pasta de hojaldre, rellena de queso y espinaca.

Palma del Río.
Cántaro. Alt.: 40 cm.

TURRÓN de MASA: Combinación de harina, aceite, agua azucarada y miel. Se hace para "Rosh Hashaná y Januká".

JAMÍN DE TRIGO: Es un cholent a base de punta de pecho y de trigo.

MALAI y MAMALIGA: Polenta preparada, etc.[12].

## Verduras

Los "ravanikos" (rábanos pequeños) son típicos entremeses de la comida sefardí, donde se consumen con profusión, crudos, con sal o sin ella, previamente o junto con la comida.

La berenjena, al igual que en la gastronomía hispanoárabe y española en general, ocupa un importante lugar en la cocina judeo-española. Se consume frita, rebozada en huevo. Digna de destacar es la siguiente particularidad respecto a la forma de preparar esta verdura en la cocina española: al pelar las berenjenas, los sefardíes dejan sin quitar tiras longitudinales de la cáscara para evitar que la verdura se deforme durante la cocción.

Lucena. Lebrillo. Diámetro: 36,5 cm.

Un peculiar plato sefardí es la "chakchuka", en el que vemos reflejado nuestro pisto extremeño con el aditamento incluso de los huevos fritos. Su base previa es la cebolla y ajos fritos y, cuando ambos estén semidorados, se agregan la berenjena, pimiento verde, tomate pelado y cuantas verduras se tengan a mano, todo cortado muy finamente. Se rehoga el conjunto hasta que esté en su punto. Antes de finalizar la cocción (al igual que en nuestro pisto "a la bilbaína"), se echan tantos huevos batidos como comensales haya.

Alhabia. Lebrillo. Diámetro: 44 cm.

La berenjena, en cuadrados más grandes, con cebolla y tomate también la encontramos en el plato sefardí llamado "kuartos de berendjena", donde, una vez fri-

12 *Enciclopedia judaica castellana*, Edit. Enciclopedia judaica castellana, México, 1948, páginas 43-44.

tos los trozos de berenjena, se dejan rehogar a fuego lento, añadiendo finalmente arroz y dejando hervir éste de unos quince a veinte minutos. En realidad, es un plato mixto entre el pisto y el arroz con verdura.

Triana. Lebrillo. Diámetro: 52 cm.

Las alcachofas son plato utilizado en la gastronomía judeo-española como entrada, bien solas o como en el caso de la berenjena, formando parte de platos de arroz y de otras verduras.

Posadas. Lebrillo. Diámetro: 35 cm.

Son de destacar los fondos de alcachofa con salsa de limón o vinagre, donde la verdura, una vez despojada de las hojas duras, se cuece en agua con sal, a fuego suave, durante tres cuartos de hora aproximadamente. Una vez frías, se sirven con limón o salsa vinagreta.

Las "bezelyas" (guisantes) se utilizan con profusión en la cocina sefardí, pero en general como acompañamiento de arroces y carnes. Existen, sin embargo, guisos de guisantes solos, estofados en aceite y agua o caldo de carne de vacuno, cordero o pollo. El tiempo mínimo de cocción es de veinticinco o treinta minutos, dependiendo de la calidad de la verdura.

Úbeda. Lebrillo "de a peseta". Diámetro: 24 cm.

Como "kalavasa" (calabaza) la gastronomía judeo-española incluye tanto la calabaza como el calabacín, muy utilizado en la cocina sefardí. En los pistos es donde se emplea más. Hay otros platos, sin embargo, que ofrecen más complicación y originalidad, entre ellos los llamados "kalavasas yenas" o calabacines rellenos, en los que, tras vaciarlos, se introduce un relleno de carne de ternera o vaca, miga de pan y aceite. Se colocan los calabacines en el fondo de la olla o recipiente de horno, rociándolos con aceite, salsa de tomate y un poco de agua. Se mantiene a fuego suave una hora aproximadamente, hasta que la verdura esté en su punto.

En ocasiones, la cocina sefardí utiliza la piel de los calabacines, cortados en trozos pequeños con algo de pulpa, como en la receta que, bajo la denominación de "kachkarikas de kalavasa" brinda el excelente recetario de Méri Badi[13]. Estas "kachkarikas de kalavasa" se cuecen sólo con aceite (3 cucharadas), sal y zumo de limón durante una hora, hasta que esté blanda la verdura. Las recetas de piel de calabacines que da la autora "kon avramila" (ciruelas pasas) y "kon agras" (uvas ácidas) las veo más propias de la evolución moderna de la gastronomía sefardí que de la tradición culinaria judeo-española.

Los rellenos y albóndigas de verduras son utilizados copiosamente por la cocina sefardí. Tales son los casos de la "banitra", plato en el que se hace una masa con harina, huevo y aceite, y, tras extender la masa, se rellena de espinacas, acelgas o col, y se hornea durante veinticinco minutos a fuego mediano. Hay otro relleno de verduras original: el "bezinjame merchí" o berenjenas rellenas de carne y especias, plato que se sirve en caliente y en frío.

Los tomates o pimientos rellenos son muy utilizados en la gastronomía judeo-española. Su elaboración, sazonado y presentación difieren poco de los de la cocina occidental y parecen muy posteriores en el tiempo a los platos originales de la gastronomía sefardí.

## Legumbres y pastas

Como hemos dicho anteriormente, la utilización del arroz en la cocina sefardí es relativamente tardía. El arroz se emplea en la actualidad con gran profusión en la cocina sefardí, al igual que en todas las cocinas mediterráneas. Es característica de los guisos de "arros" sefardíes la costumbre de dejar éste un par de horas antes en agua templada –una vez limpio– para facilitar su posterior cocción. Por lo demás, las modalidades de elaboración del arroz no difieren gran cosa de cómo se prepara en

13 Méri Badi: *La cocina judeo-española*. Edit. Muchnik, Barcelona, 1985.

España: arroz con caldo de carne o arroz con verduras o salsa de tomate. Esta forma de preparar el arroz posiblemente sea peculiar de la gastronomía sefardí[14].

El arroz, junto a trozos de pan, fideos y otras pastas, hervido con caldo de pollo o gallina, se utiliza en la gastronomía judeo-española para hacer un sustancioso "marak", que significa precisamente eso, caldo, en la cocina árabe de Oriente Medio. La cocina judía ha tomado la sopa de arroz llamada en la gastronomía árabe "mezza be-sorba" en la que al caldo de cocer carne de cordero partida en dados regulares se añade tomate, especias y hierbas aromáticas.

Uno de los platos característicos de la cocina hebrea es el guiso de trigo, de tradición milenaria, que recibe el nombre ritual de "jamín" o "hamín", pues de ambas formas aparece escrito. Se trata de un ragout de carne cocida con trigo. En la cocina sefardí, sin embargo, existen otros guisos de trigo. Uno de ellos es el llamado "bulgur", en el que el trigo de grano grande se lava, se le añade un refrito de cebolla y, removiendo, se cubre con agua y cuece durante veinticinco minutos, dejándolo al vapor otros diez minutos más antes de servirlo muy caliente.

Almuñécar. Cántaro.
Alt.: 20 cm.

El "kashe" es una especie de trigo que se cuece en agua con sal, sazonándolo con media cucharadita de páprika y una cucharada sopera de grasa de gallina o margarina. Se hace en veinticinco minutos a fuego vivo. Este guiso de trigo "kashe" se gratina, asimismo, espolvoreándolo previamente con queso.

Un peculiar plato sefardí de trigo es el trigo con leche, en el que se sigue la misma elaboración que con nuestro arroz con leche, añadiendo abundante azúcar,

[14] Se prepara la salsa de tomate fresco o de lata. Se le añade aceite y se cuece a fuego suave unos minutos. Se deja enfriar la salsa y posteriormente se agregan tres vasos de agua, dejando que hierva, momento en que se vierte el arroz.

cáscara de limón y canela al gusto. Únicamente el trigo requiere un precocido con sal durante media hora o tres cuartos de hora.

Los "garvansos" (garbanzos) ofrecen variados guisos en la gastronomía hispano-judía. Característico de los guisos sefardíes es que la legumbre,

además de mantenerla en remojo durante aproximadamente doce horas, se despelleja antes de ser utilizada en el guiso. La forma de elaboración, por otra parte, no difiere en exceso de los potajes de garbanzos españoles: refrito de cebolla, tomates previamente pelados y agua caliente. Tras sazonarlo con sal y pimienta, se deja cocer una hora y media aproximadamente. Se pueden guisar los garbanzos solos o con verdura, arroz y carne de vacuno o cordero.

Las lentejas ocupan un lugar de excepción en la cocina judeo-española. Al igual que las demás legumbres se dejan en remojo unas doce horas como mínimo. Después se les incorpora un refrito de cebolla finamente cortada, al que se añade tomate. Se hierven las lentejas tres cuartos de hora agregando agua caliente en caso necesario. Los sefardíes comen las lentejas solas o con arroz, para aumentar su poder nutritivo, al igual que ocurre en la cocina española. En determinadas comunidades, se sirven con carne de cordero rehogada en aceite al mismo tiempo que los ingredientes básicos de las lentejas.

Granada. Lebrillo.
Diámetro: 64 cm.

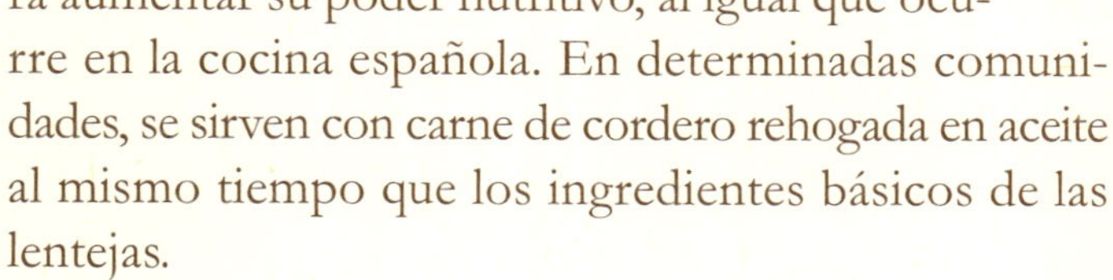

Las alubias se preparan en la cocina sefardí en un plato llamado "cholent" que recuerda a nuestro plato de ensalada de alubias a la catalana. El guiso judeo-español, sin embargo, admite una mayor variedad al poderse servir con carne de vacuno o cordero, verduras y huevos.

## Pastas y platos de harina

Con el nombre de "alitrea" o "aletría" se denomina entre los judeo-españoles del norte de África y de Oriente Medio lo que comúnmente conocemos como fideos. Los platos con fideos en la cocina sefardí son numerosos. Para sistematizarlos, podemos distinguir entre platos de fideos únicamente o los mezclados con otros ingredientes.

Las "alitreas" como elemento básico, elaboradas hoy con pasta comprada en el comercio, en otros tiempos se preparaba en casa con o sin levadura, un poco de sal, harina y agua. Se obtenía una masa que, debidamente desmenuzada lo más finamente posible en delgadas tiras enrolladas y secadas por las amas de casa en paciente labor, daba unos excelentes fideos. El tomate pelado, la cebolla y un poco de pimiento verde, todo muy picado, daba el condimento necesario a estos fideos caseros, a los que solía añadirse a última hora pescado cocido o embutidos caseros. Este es un plato que todavía se come con similares variantes en múltiples regiones de España.

La masa de los fideos anteriormente descrita, sin levadura, es la materia básica del pan ácimo, de trigo, cebada, avena, etc. que los judíos comen en la Pascua del Pesaj que conmemora el éxodo bíblico de Egipto. Las galletas de pan ácimo, que se comen solas, con miel o fritas, se utilizan también en un plato de pasta muy apreciado.

En el "marak", caldo, los fideos, pastas, pan cortado, féculas o arroz entran como componente de un caldo de pollo o gallina muy similar a nuestro caldo de pollo o verdura, pero sin el complemento vegetal de nuestro plato. Este "marak" es siempre de pasta y féculas con carne de gallina o pollo, pero también se hace con carne de cordero o vacuno y pasta de "makarones" (macarrones), tomate pelado y triturado o puré de tomate; dos o tres cucharadas de aceite y sal. La pasta elegida se cuece de 10 a 15 minutos.

Típico de la cocina sefardí son los llamados "fideyos tostados" en que éstos se rehogan en aceite hasta que se doran ligeramente. Después se hacen como en las recetas anteriores.

El "Haman Tashem" es una masa de harina, agua, margarina, un poco de caldo, sal y una pizca de bicarbonato. Se trabaja y extiende, rellenándola de frutos secos, ciruelas y amapolas. Una vez doblada la masa sobre el relleno, se fríen en abundante aceite.

Un recuerdo indudable de su origen hispánico son las gachas, las "kachas", plato en que –como en el caso de las gachas de la Península Ibérica– se comen saladas o dulces. Se doran previamente en el aceite unos ajos que después se retiran. A continuación, se rehoga un poco la harina en el aceite, sazonándola y poniéndole un poco de comino. Acto seguido, se vierte el agua y se mueve con cuchara de palo añadiéndole harina si fuera necesario.

Son interesantes en la moderna cocina sefardí los platos de tallarines, que no difieren gran cosa de platos similares en las diversas cocinas occidentales. Hay algunos de ellos, sin embargo, que atraen nuestra atención: los tallarines con "kashe" (trigo) y los tallarines con semillas de amapolas, en el que los ingredientes son leche, azúcar o miel y partes iguales de semillas de amapola y de tallarines cocidos.

Dignos de destacar nos parecen los "tzimmes" de arroz con fruta, plato en el que se mezclan frutos secos con una taza de arroz, unas cucharadas de miel de abeja, media cucharadita de canela y una pizca de sal. Se hierven todos los componentes con agua caliente, añadiendo dos cucharadas de margarina o grasa de gallina. Una vez cocido y esponjado el arroz, se dora en el gratinador.

Los "vareniques" son una masa de harina, huevo y agua que, debidamente trabajada y extendida, sirve para hacer unos cuadrados de masa rellenos de frutas de la estación, crema agria y azúcar. También admiten otros rellenos como el "kashe" cocido (trigo cocido), quesos diversos, etc. Esta masa rellena se fríe hasta dorarla en apetitosos emparedados.

El "kugel" es un pastel de pasta originario, sin duda alguna, de países del centro y este de Europa. La comida sefardí lo ha incorporado a sus menús y por ello lo reseñamos aquí. Es, como decimos, un pastel elaborado con pasta cocida, yemas de huevo, una cucharadita de canela en polvo, nuez moscada, una taza de azúcar y una pizca de sal. Para trabarlo todo se utiliza margarina o varias cucharadas de grasa de gallina. Este pastel, al que se incorporan los diversos ingredientes debidamente mezclados, se dora en el horno fuerte durante alrededor de una hora. Admite diversas variantes según se le agreguen: frutos secos, manzanas, ciruelas, etc.

Entre las masas para rellenos hay que citar, igualmente, los "kreplaj", similares a nuestras empanadillas o raviolis, que admiten posteriormente rellenos de verduras y carnes diferentes.

Los "farfel" son, asimismo, una masa de harina, huevos, sal y agua hasta formar una masa compacta que se deja secar. Esta masa sirve para preparar diversos platos de deliciosa pasta.

## Huevos

El huevo en la cocina sefardí es un alimento "Pareve" (neutro), por tanto, puede mezclarse con otros alimentos de verduras, pescado, carne o productos lácteos, de ahí la variedad de sus platos y combinaciones culinarias en la cocina judía. Entre las diferentes recetas de huevos los hay

mezclados con verduras, embutidos y quesos. Nos fijaremos, a ser posible, en aquellos platos de mayor tradición en la cocina sefardí.

Entre estos platos originalmente sefardíes hemos de citar, por su similitud con su homónimo español, los llamados "Huevos de Pascua". La preparación es muy simple: agua para cocer los huevos, cebolla, una cucharada de aceite, media cucharadita de pimienta, una cucharadita de café molido y un poco de sal. Se dejan cocer los huevos durante cuatro horas. Fríos o calientes se consumen durante las dos primeras noches de la Pascua, solos o con "bimuelos" (buñuelos), "tapadas" (tortas de patatas y queso), "borekas" (pastas rellenas de queso) y "boyos" (quesadas), etc.

Los sefardíes son muy aficionados al queso fundido con huevos, embutidos o espinacas, pero también los utilizan en tortilla de patatas y cebolla, nuestra tortilla española, que denominan con este nombre[15]. Los diversos platos de huevos de la gastronomía hispano-judía admiten múltiples combinaciones, algunas de ellas procedentes de las cocinas de los países de acogida, caso de los suflés y los huevos revueltos.

Se ha de subrayar el carácter netamente sefardí de los llamados "huevos dorados", que son muy similares en su sencilla preparación a los "Huevos de Pascua" anteriormente mencionados. Sin embargo, en el caso de estos "huevos dorados", en el agua de cocción sólo se ponen una cebolla cortada en trozos, dos cucharadas de aceite y un poco de pimienta. Se tapan con papel de aluminio en el recipiente que vaya al horno y se cuecen en éste a temperatura máxima durante doce horas por lo menos. Se comen calientes o fríos en sábado.

[15] Rosa Fishleder de Landau: *Libro de Oro de la Cocina Hebrea*. Caracas, 1990, pág. 177.

# Pescados

El pescado es alimento muy apreciado en la gastronomía hebrea, donde, como ya hemos dicho, existen una serie de prescripciones religiosas respecto a los mismos: sólo están permitidos los pescados que tengan escamas y aletas. Estos son: las anchoas, el arenque, el atún, el bacalao, la carpa, la corvina, la dorada, la lisa, la merluza, la mojarra, la pescadilla, el salmón, la sardina, el sábalo y la trucha.

Se hace difícil distinguir los platos de pescado netamente hispano-judíos. El pescado a la vinagreta nos recuerda el plato similar español. En el mismo el pescado se sazona con sal y pimienta, dejándolo en zumo de limón durante una hora aproximadamente. A continuación, se hierve en un poco de agua con trozos de cebolla y hierbas aromáticas durante unos quince minutos. Se coloca en una fuente y se le rocía con una mezcla de cebolla picada, pimientos rojos finamente cortados, perejil, unas cucharadas de vinagre, aceite, pimienta y unos huevos cocidos y picados.

Los lenguados fritos son, asimismo, un plato similar al que se hace en España. Antes de freírlos, se pasan los filetes por una mezcla de huevo, cebolla rallada, limón y perejil. Se fríen los lenguados tras pasarlos por la referida salsa. Se sirven solos o con diversas salsas.

El plato denominado "gefilte fish" o pescado triturado al horno es interesante, pero estimamos que es askenazí y no sefardí, aunque ha cobrado mucha aceptación en la cocina de Oriente Medio. El pescado se tritura muy fino, junto con la cebolla y el perejil. Se le añaden varias yemas de huevo y medio vaso de gaseosa. Se pone la mezcla en un molde engrasado y se cuece al baño María hasta que se dore. Tiene un período de cocción aproximado de una hora y media. Este plato se prepara con casi idénticos componentes en forma de tortas, croquetas o rellenos.

Existen en la cocina sefardí interesantes platos de pescado como el bonito salado, en el que se utiliza sólo el centro del pescado, colocándolo en un recipiente apropiado de barro con una tapa sobre la que se pondrá un contrapeso. En el fondo del recipiente se pone abundante sal, se colocan encima los centros de bonito a los que se le añade el resto de la sal. Se cierra herméticamente el recipiente y se mete en el frigorífico durante varios días. Transcurrido este tiempo, se corta el pescado en rodajas muy finas que se sirven con un picado de cebolla.

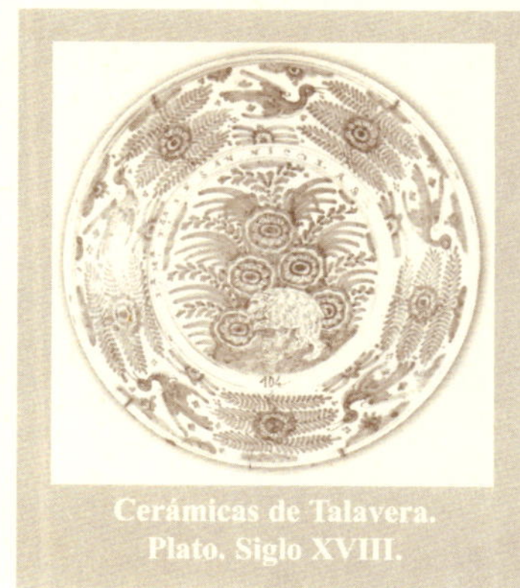

Cerámicas de Talavera. Plato. Siglo XVIII.

El "tarama" es un interesante plato de pescado sefardí basado en una mezcla de huevas de bacalao o abadejo con zumo de limón, aceite de oliva y pan rallado o miga de pan. Se forma finalmente una crema suave que es excelente para entradas o como guarnición.

Existen multitud de platos de túnidos encebollados, con tomate o a la plancha, cuya elaboración difiere poco de las recetas conocidas en toda la cocina mediterránea. Consideramos de mayor originalidad dos recetas netamente sefardíes: los "pichkados kon agrietada" y los "pichkados kon agras". El primero de ellos nos parece más antiguo y el segundo –aunque original–, está influido por la cocina turca. El pescado con salsa agria o "kon agristada", que se utiliza con diversos pescados, consiste en cocer el pescado en agua con sal a la que se añade zumo de limón y aceite. Se saca el pescado una vez hervido y se reduce la salsa incorporándole huevos batidos hasta que espese. Se vierte sobre el pescado y se sirve frío. En la receta de "pichkados kon agras", se sirven estas uvas especiales exprimidas con agua y aceite. En esta mezcla se hierve el pescado durante veinte o veinticinco minutos.

En este rápido recorrido por la cocina hispano-judía del pescado es interesante destacar la receta del "pescado a la sefaradi" en la que los ingredientes son muy mediterráneos: cebolla picada en abundancia, ajos, aceite de oliva abundante, tomates pelados, zumo de limón, perejil y pimienta.

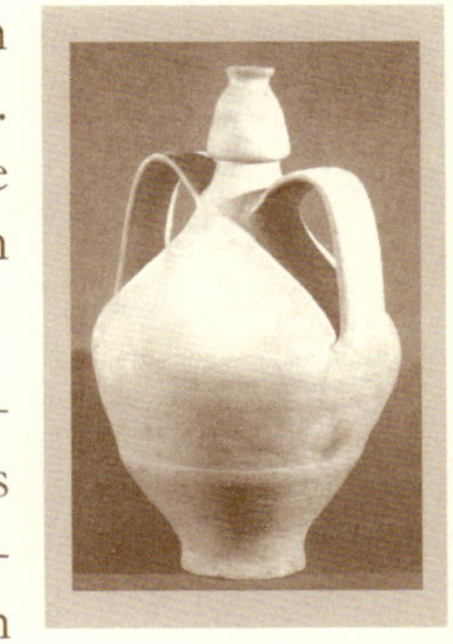

En una fuente de horno se cubren los pescados con todos los ingredientes citados debidamente picados. Se hornean durante una hora aproximadamente, y se sirven acompañados de una salsa de aceite de oliva con los piñones ligeramente fritos y perejil picado.

Asimismo, debemos reseñar como rasgo distintivo de esta renovadora gastronomía hispano-judía, los diferentes tipos de pescados fritos a los que posteriormente se añaden diferentes salsas picantes, nata con margarina o crema agria.

Antes de finalizar nuestra referencia a la cocina del pescado entre los sefardíes, desearíamos referirnos a los platos de pescado en escabeche que son muchos y muy variados conservando cierto parecido con las "moragas" hispanoárabes y los actuales platos de pescado en escabeche de la cocina regional española. El pescado en escabeche sefardí más parecido al que se hace en España es aquel en el que se hierve el pescado en una salsa compuesta por aceite, agua, sal, hojas de laurel, hierbas aromáticas, vinagre y unas rodajas de cebolla. Lo original, la nota sefardí de este plato, es la utilización de unos chorros de aceite de ajonjolí antes de la cocción en el horno. Se deja que se dore y se sirve espolvoreado de perejil fresco y rodajas de limón.

Vitrina de cerámica de Talavera de la Reina.

El anterior escabeche admite diversas variantes según se utilicen semillas de mostaza, eneldo picado o simples aceitunas o que el vinagre se sustituya por vino blanco, pero la receta básica del escabeche sigue siendo la misma.

Las sardinas en escabeche, con ingredientes similares, se fríen previamente. Se colocan en un recipiente de barro vidriado y se rocían con un sofrito de cebolla picada, hoja de laurel, vino blanco seco, vinagre y agua en proporción.

Se dejan cocer en esta mezcla durante diez o quince minutos. Se sirven con rodajas de limón y perejil picado. Es la popular "moraga" del sur de España, plato que procede posiblemente de la cocina andalusí.

## Carnes

La cocina judeo-española utiliza en su gastronomía cuatro tipos de carnes: buey, ternera, carnero y cordero, además de volátiles tales como la gallina, el pollo, palomas, pavos y gansos, estos últimos quizá por influencia de los judíos de Europa Central. Dadas las prescripciones religiosas respecto a los productos lácteos, entre ellos la mantequilla como elemento para condimentar o freír los alimentos, la utilización de las grasas de las aves –llamada "schmaltz"–, es indispensable. Se utiliza, pues, derretida o directamente cruda.

La cocina sefardí, sin duda alguna, conserva platos de carne muy semejantes a los existentes en la cocina española. No obstante, muy inteligentemente, asumió también platos judíos árabes o turcos de carne que realzan la gastronomía judeo-española. Este es el caso del cordero a la siria o a la turca y el "cholent" de gallina a la oriental. En el cordero a la siria la carne va cocida con diversos vegetales en sal y agua. Se dora en aceite, perejil y ajo, tomate pelado y zumo de limón. Se mezcla con el caldo de la carne cocida anteriormente y se deja cocer unos minutos. Se sirve con arroz al vapor.

En el cordero a la turca, el cordero se corta en trozos regulares y se cuece a fuego moderado con sal, pimienta y una pizca de azúcar. Seguidamente se añade a la carne cocida la calabaza previamente hervida, que puede acompañarse con algunas manzanas y peras pequeñas y duras, de las que nosotros llamamos de cocer.

Cocina de azulejos de Manises. Siglo XVIII.

El cordero, asimismo, se come en guisos variados con previo refrito de cebolla, pimientos verdes, patatas pequeñas, tomate pelado y macha-

Arte islámico de Al-Andalus.

cado, sal y páprika. Se hace el guiso al fuego o al horno y se come muy caliente.

El "tass kebab" es, sin duda, un plato extraordinariamente sencillo y sustancioso. En el mismo la carne de buey se rehoga en aceite con rodajas de cebolla, se agrega pulpa de tomate pelado y se cuece con agua o caldo de carne durante una hora y media aproximadamente hasta comprobar que la carne está en su punto. Con este plato se sirve arroz al vapor o verduras.

El carnero figura en platos espléndidos de la cocina sefardí. Las chuletas empanadas o asadas tienen recetas muy similares a la cocina regional española, pero es preferible con mucho el guiso de carnero con arroz o trigo en el que la carne se fríe con cebolla y pimiento verde picado, puré de tomate y media taza de arroz o trigo descascarillado y lavado. Se cuece hasta que la carne esté tierna y antes de servir el plato, se baten una cucharadita de aceite de oliva, media de vinagre y un huevo.

Hablamos anteriormente del "cholent" de gallina a la oriental, de inspiración árabe o turca. Lleva un sofrito de cebolla, pimiento verde, pulpa de tomate pelado y cayena al gusto. Se fríe el arroz o trigo descascarillado, todo a la vez. Con esta mezcla se rellena el pollo o la gallina. Se pone un lecho de alubias y garbanzos, colocando encima el ave rellena. Esta se rodea con trigo lavado, trozos de calabaza y otras verduras. Se sazona y se le añaden especias y hierbas aromáticas.

La presencia de sefardíes del norte de África llevó a la cocina de Oriente Medio los famosos "pinchitos" marroquíes, conocidos por los judeo-españoles como "brochetas marrocanas". Es la receta del "kefta" de carne picada marroquí con ligeras variantes. A la carne de carnero o buey picada del plato marroquí, se unen la cebolla y perejil muy picados, uno o dos huevos y media cucharadita de comino, orégano seco y alguna que otra hierba aromática.

El buey y la ternera asados en marmita o recipiente de barro recibe el nombre de ascendencia italiana de "rosto". Es un plato excelente al que

Puente Genil. Botija (tipo Vélez-Málaga). Alt.: 45 cm.

Jimena de la Frontera. Botija arriera. Alt.: 26 cm.

da el sabor la cebolla, el tomate y las zanahorias que lo acompañan. Una vez asado con calma –una hora y media–, dependiendo de la dureza de la carne, se conserva en frío en el frigorífico para utilizarla en platos con verduras o purés en días sucesivos.

En este apartado sobre carnes, no podía faltar la receta de la "adafina" –plato tradicional de la cocina hispano-judía que se prepara el viernes para consumirlo lo más templado posible el sábado, ya que en este día no se puede realizar trabajo alguno, ni siquiera encender fuego. Se trata de un plato de carne –buey o cordero, o ambos a la vez–, con legumbres, verduras y arroz. Se condimenta con pimienta, sal, aceite de oliva, azafrán y un huevo entero, con su cáscara. Se deja hacer a fuego lento hasta que esté plenamente cocido, alrededor de una hora y media, dependiendo de que la carne esté más o menos tierna, En Oriente se denomina a la "adafina" "jamín" o "hamín"; en Europa Central,"chant"; "shalet" y "chont" en el este de Europa[16].

## Dulces

Ya nos referimos, con ocasión de las comidas tradicionales con motivo de las principales festividades hebreas, a los diferentes tipos de dulces existentes en la gastronomía sefardí. Siguiendo el criterio de referirnos únicamente a los que consideramos vestigios de la cocina de Sefarad, trataremos de resumir aquellas recetas de la dulcería, postres o pastelería más significativos, lamentando no aludir a otros.

La materia prima de numerosos dulces sefardíes es la harina de "matzá", que sirve igualmente para otros primeros o segundos platos. Es una harina pastelera que se vende en los comercios. Durante la Pascua del

16 Alfredo Juderías: *Viaje por la cocina hispano-judía*. Edit. Seteco, Madrid, 1990.

Pesaj se hacen numerosos dulces con esta harina, grasa de gallina, fruta fresca o frutos secos.

Los Romeros. Barril.
Alt.: 24,5 cm.

Las tartas, bizcochos o plumcakes de más exquisitos sabores y más inimaginable variedad caben en la dulcería judeo-española. Muchos de estos dulces tienen una indudable influencia occidental. Los "shtrudels", sin embargo, son típicamente hebreos aunque no exclusivamente sefardíes. Consisten básicamente en una masa extendida a la que se pone un relleno diverso en el que lo más importante es la imaginación de la cocinera o cocinero: semillas de amapolas, carne picada, frutas frescas o frutos secos, margarina derretida, grasa de gallina y un par de yemas traban bien el relleno azucarado o salado, según gusto.

El "pastel de mil hojas", similar a nuestro milhojas, se prepara con una mezcla con dos yemas de huevo, medio litro de leche, media taza de azúcar, una cucharadita de vainilla y dos cucharadas de maíz. Se hierve al baño maría la leche, el azúcar y la vainilla, espesando con las cucharadas de maíz y las yemas batidas. Una vez tibia la mezcla debidamente movida, se le agregan las dos claras de huevo a punto de nieve. Se echa en un molde engrasado con margarina y, poniendo leves capas, se va incorporando el relleno tras cada una de ellas; sobre la última, se espolvorea azúcar glasé.

Tienen los judeo-españoles de Oriente Medio un bizcocho de sabor a limón, excelente, que denominan "Pan d'Espanya". Para su elaboración se sigue la técnica culinaria de cualquier bizcocho: dos vasos de agua de harina pastelera, dos vasos no colmados de azúcar, doscientos gramos de margarina; tres vasos de limonada y una bolsita de levadura. En un molde engrasado se mantiene a horno mediano unos tres cuartos de hora.

Arte islámico de Al-Andalus.

Uno de los dulces sefardíes más originales es el pastel de semillas de amapolas. Los componentes son harina pastelera, levadura, media taza de semillas de amapola –que se adquieren en los establecimientos especializados–, leche, vainilla y cuatro huevos batidos. Una vez mezclados –en batidora eléctrica puede adelantarse tiempo–, se vierten en un molde engrasado y enharinado. Se lleva al horno a su máxima temperatura durante unos tres cuartos de hora aproximadamente. Se sirve con la crema que más apetezca, chocolate o chantilly.

La escritora sefardí Rosa Fishleder, en su excelente libro titulado *Libro de Oro de la Cocina Hebrea*, ofrece una receta que titula "Mazapán Monte Sinaí" que, por sus componentes y elaboración, quiero creer que sea sefardí. Se compone de dos tazas y media de almendras peladas, dos claras de huevo, una taza y media de azúcar glasé y media cucharadita de extracto de limón y vainilla. Se muelen las almendras, se baten las claras de huevo, agregando el azúcar glasé y el extracto de limón. Se une la pasta de almendras, haciendo moldeable el conjunto mediante más azúcar si fuera necesario. Se forma así una montaña de mazapán que se mantiene en el frigorífico las horas que sean necesarias antes de consumirlo.

Lucena. Mortero.
Alt.: 11 cm.
Época califal.

# Palabras del judeo-español relacionadas con alimentos, comidas y utensilios de cocina

## A

**ABAFÁR:** rehogar.

**ABLANDÁR:** ablandar.

**ADAFÍNA:** plato elaborado en el horno con diversos ingredientes para la comida ritual del sábado.

**ADOBÁR:** reparar, remendar, preparar.

**ADOVÁR:** adobar, aliñar ("adovár la salata": aliñar la ensalada).

**ADULZADO:** endulzado.

**ADURSÁR** (Marruecos): endulzar.

**AFIKOMA:** postre tradicional, con sorpresa, de la cena del Seder.

**AFOZALDAR:** preparar la pasta hojaldrada.

**AFUMÁDO:** ahumado.

**AFUMÁR:** ahumar.

**AGRASTÁDA:** salsa elaborada con caldo, huevos, zumo de limón y todo batido al fuego.

**AGRAS:** uvas ácidas usadas en la cocina hebrea.

**AGRÁZ:** uvas verdes.

**AGREÁDO:** agrio, agriado.

**AGRISTÁDA:** salsa elaborada con caldo, huevos, todo batido al fuego.

**AGRO:** fuerte, ácido, avinagrado.

**AGWÁDA:** sopa muy clara.

**AGWÁDOR:** aguador.

**AGWAMÁNOS:** lavamanos, aguamanil.

**AGWENDO:** acuoso, líquido.

**AGWENTADO:** aguado.

**ALBEYANA:** avellana.

**ALBYANA:** avellana.

**ALBÓNDIGA:** albóndiga.

**ALBONDIGÍTA:** albóndiga pequeña de carne, queso, etc.

**ALBUNDIGA** (Marruecos): albóndiga.

**ALCARCHOFA** (Marruecos): alcachofa.

**ALCAROVEA** (Marruecos): alcaravea.

**ALCUZZA** (Marruecos): alcuza.

**ALECHUGA:** lechuga.

**ALELUYA:** tortita ritual que se distribuye en Pascua en la sinagoga.

**ALEVDÁDO:** fermentado, leudado.

**ALEVDÁR:** poner levadura en la masa, fermentar.

**ALFEIQUE:** pan tostado con yema de huevo, azúcar y vainilla en polvo.

**ALGRÁZ:** alimento muy ácido.

**ALHOLVA** (Oriente y Marruecos): dulce de origen turco.

**ALITREA, ALETRÍA:** fideos.

**ALJALE** (Marruecos): conserva de carne frita con aceite y grasa.

**ALJACHU:** dulce elaborado con bizcocho desmenuzado, ralladura de pan ácimo, almendras, nueces u otros frutos tostados, trabajado y cocido en miel.

**ALJAVAKA:** albahaca.

**ALKUZA:** alcuza.

**ALMÉNDRA:** almendra.

**ALMENDRÁDA:** bebida hecha con leche de almendras y azúcar.

**ALMÉNDRO:** almendro.

**ALMIRÉZ:** almirez.

**ALMODROTE:** gratinado.

**ALMORZAR:** desayunar, tomar el primer alimento del día.

**ALMORZO:** desayuno, primer alimento del día.

**ALMWEZ:** nuez.

**ALTRAMÚZ:** altramuz.

**ALUENGA:** lengua.

**ALVEYANA** (Marruecos): avellana.

**AMARGÁR:** amargar.

**AMARGENTÁR:** dar un ligero sabor amargo.

**AMARGO:** amargo.

**AMARGÓR:** amargor.

**AMASÁDO:** amasado.

**AMASADÓR:** panadero.

**AMASÁR:** amasar.
**AMONI:** vino de alta graduación.
**AMORI:** torta.
**AMOZÁDO:** remojado.
**AMOZÁR:** remojar.
**ANAFE:** anafre.
**ANTCHUSA:** gratinado.
**APYO:** apio.
**ARBACOSOT:** cuatro copas, bebida de la cena del Seder.
**ARINA:** harina.
**ARINERO:** harinero.
**ARMI:** despojos, entrañas, menudos.
**AROMA:** aroma.
**AROMÁTIKO:** aromático.
**AROMATIZÁR:** aromatizar.
**AROZÁR:** perfumar con agua de rosas.
**ARREFINÁR:** refinar.
**ARREFRESKÁR:** refrescar.
**ARREGÁR:** regar.
**ARREPOZÁR:** reposar.
**ARRESEKÁDO:** reseco.
**ARRESEKÁRSE:** resecarse.
**ARRÓS:** arroz; "arrós con leche", postre de arroz y leche azucarada.
**ARROZÁL:** arrozal.
**ARROZIKO:** plato de arroz.
**ÁRVOL, ÁRVOLE:** árbol.
**ASADÉRIA:** tienda de asados.
**ASADO:** asado.
**ASADURA:** asado, precio pagado por el mismo.
**ASAFRÁN** (Marruecos): azafrán.
**ASÁR:** asar, tostar.
**ASARA BETEVET:** ayuno menor.
**ASARMUZ:** altramuz.
**ASUKA:** azúcar.
**ASUKÁR:** azucarar.
**AZUCARADO:** azucarado, cristalizado.
**ASUKAREAR:** azucarar, espolvorear con azúcar.

**ATARMUZ** (Marruecos): altramuz.
**ATWENDO:** utensilio de cocina.
**AVA:** alubia.
**AVE:** volátil, pájaro.
**AVRAMILA:** ciruela.
**AVRIDOR:** abrelatas.
**AYRAN:** leche cuajada, yogur.
**AYUNO:** abstención total de alimentos en Yom Kipur.
**AZEYTÁR:** untar con aceite.
**AZÉYTE:** aceite.
**AZEYTERÍA:** local donde se vende aceite.
**AZEYTERO:** comerciante de aceite.
**ÁZIMO:** lo que no está fermentado.
**AZADA:** salsa de ajos, alioli.
**AZERO:** vendedor de ajos.
**AZO:** ajo.

## B

**BAKLARA:** pastel tipo milhojas.
**BAGALAU:** bacalao.
**BALKABAK:** calabaza (turco).
**BAMYAS:** gombo (vegetal comestible).
**BANANA:** banana.
**BANITRA:** tartaleta rellena de espinacas.
**BARBUNYA:** salmonete.
**BARJES:** pan blanco trenzado.
**BARRIL:** barril.
**BASAL:** carne hervida.
**BASAR:** carne asada, "basar terefá" (carne impura, prohibida).
**BECHAMEL:** bechamel.
**BERENDJENA:** berenjena.
**BERIT:** sal.
**BESAMIN:** especias.
**BETZA:** huevo.
**BEVEDERO:** sed insaciable.
**BEVEDIZO:** poción, brebaje.
**BEVEDÓR:** bebedor, borracho.

**BEVEDÚRA:** acción de beber.
**BEVER:** beber.
**BEVERAZE:** bebida, brebaje.
**BEVIDA:** bebida, brebaje.
**BEZERRO:** becerro.
**BEZELYAS:** guisantes.
**BIMBRIYO:** membrillo.
**BIMUELO:** buñuelo.
**BISKOTCHO:** bizcocho.
**BLANKEAR:** blanquear.
**BLINTZE:** empanadilla de relleno de fruta.
**BOBREKE:** plato de riñones de cordero.
**BOKADU:** bocado.
**BOLÉMA, BULEMA:** pasta rellena en forma cilíndrica.
**BÓLSA:** bolsa.
**BONBON:** bombón.
**BOREKA:** pastel relleno, empanadilla.
**BORTH:** sopa de remolacha fermentada.
**BOYO:** bollo, panecillo.
**BREGA:** rodillo de la cocina para trabajar la masa.
**BUKÁDO:** bocado.
**BULGUR:** trigo.
**BULYOR:** hervor, ligera ebullición.
**BURGHUL:** torta de trigo o maíz.
**BURMUELO:** buñuelo.
**BUYENDO:** hirviendo, muy caliente.
**BUYIDO:** hervido.
**BUYIDÓR:** recipiente para hervir un liquido.
**BUYITINA:** hervor.
**BUYOR:** ebullición, hervor,
**BWENDÁD:** bondad.
**BWENEZIKO:** bastante bueno.
**BWENÍKO:** bastante bueno.
**BWENO:** bueno.

## C y CH

**CARPA:** carpa.

**CACHER:** alimento ritual apto para el consumo.
**ČAKA:** salsa de limón y naranja.
**ČAKCUKA:** pisto.
**ČAMUSKADO:** chamuscado.
**ČAROPE:** confitura.
**ČAROSET:** plato de manzana o pera con almendras picadas, rociado de vino y untado en pan ácimo.
**ČEMINEA:** chimenea.
**ČICOLÁTA:** chocolate.
**ČICOLÁTERIA:** chocolatería.
**ČICOLATERO:** chocolatero.
**ČORRON:** chorrón.
**ČUARMA:** croquetas de cordero con trigo.
**ČUPÁDA:** chupada.
**ČUPADÉRO:** chupamiento.
**ČUPADÍKA:** chupadita.
**ČUPADO:** chupado, delgado.
**ČUPADOR:** chupador, bebedor.
**ČUPAR:** chupar.
**ČUPETÁDA:** chupada.
**ČUPETEÁR:** chupetear.
**ČUPÓN:** chupete,"cupón d'agua rozada", beneficio fácil, suerte.
**ČÚRRO:** sucio, descuidado.
**ČUSPA:** pan o dulce duro y seco que se vuelve incomible.

## D

**DÁDIVA:** regalo, presente.
**DADIVOZO:** dadivoso, generoso.
**DAFINA, ADAFINA:** plato ritual del sábado, preparado en el horno el viernes.
**DAG:** pez, pescado.
**DÁTLE:** dátil, "dátles kazados", dátiles rellenos de nueces, pistachos, etc.
**DÉBORA:** miel.
**DEDO DE AMÁN:** almendrado, dulce.
**DEGOEO:** degüello.
**DEGOYADO:** degollado, sacrificado.
**DEGOYAR:** degollar.

**DEMAZÍA:** demasía, exceso.
**DEMAZYADO:** demasiado.
**DESALADÚRA:** desalado.
**DESALÁR:** desalar.
**DESGOTADO:** quitada la gota, secado.
**DESGOTAR:** desgotar, quitar el líquido.
**DESKAMÁDO:** descamado.
**DESKAMADÓR:** descamador.
**DESKORČADO:** descorchado.
**DESKORČADÓR:** descorchador.
**DESKORČÁR:** descorchar.
**DESLEIR:** desleír, disolver.
**DESMAGAŽAR:** desmigajar.
**DESPEPITADO:** despepitado (referido a las aves).
**DESPLUMADERA:** desplumadora.
**DESPLUMÁDO:** desplumado.
**DESPLUMADOR:** desplumador.
**DESPLUMAR:** desplumar.
**DESTRIPÁR:** destripar.
**DESVAPORÁDO:** evaporado.
**DESVAPORÁR:** evaporar.
**DESYELADO:** deshelado.
**DESYELO:** deshielo.
**DEVANTAL:** delantal.
**DEVORÁR:** devorar, comer ávidamente.
**DEVORÉO:** apetito súbito e imperioso.
**DEZAYUNÁR:** desayunar.
**DEZAYUNO:** desayuno.
**DIBLA:** dulce de hojaldre con relleno de frutos secos.
**DOJAN:** mijo.
**DULSE:** dulce; "dulse de roza", dulce de agua de rosas.
**DURO:** duro, firme, sólido.
**DUZÉNA:** docena.
**DYETA:** dieta.

## E

**ECAR:** echar.

**EMBEVÉR:** absorber.
**EMBEVIDO:** absorbido.
**EMBOROZAR:** rebozar, emborrizar.
**EMBÚDO:** embudo.
**EMBUTÍDO:** embutido, lleno hasta el borde.
**EMBUTÍR:** embutir, rellenar.
**EMBWLVÉR:** envolver.
**EMPANADA:** empanada.
**EMPAPÁDO:** empapado.
**EMPAPÁR:** empapar.
**EMPASTÁDO:** lleno de pasta.
**EMPASTÁR:** llenar de pasta.
**ENDIVYA:** endibia.
**ENDJINÁRA:** fondos de alcachofa.
**ENDULSÁDO:** endulzado.
**ENDURESÍDO:** endurecido
**ENDURESIMYÉNTO:** endurecimiento.
**ENDURÁR:** endurecer.
**ENDURESERSE:** endurecerse.
**ENFILTRAR:** infiltrar.
**ENFORNÁDA:** hornada.
**ENFORNÁDO:** horneado.
**ENFORNADÓR:** hornero, panadero.
**ENFORNADÚRA:** precio de cocer en el horno.
**ENFORNAR:** hornear.
**ENGLUTIR:** tragar.
**ENGODRÁR:** engordar.
**ENGREŠADO:** engrasado.
**ENGREŠAR:** engrasar.
**ENJAMINADO:** huevo cocido.
**ENMELÁDO:** untado de miel.
**ENREYNADO/A:** relleno/a.
**ENROSKAR:** enrollar, dar la forma redonda.
**ENŠAROPÁDO:** almibarado, endulzado.
**ENŠAVONÁR:** enjabonar.
**ENŠUGÁDO:** enjuagado.
**ENŠUGÁR:** enjuagar.

**ENŠUTO:** enjuto, seco.
**ENTRÁDA:** entrada, comienzo de una comida.
**ENTRÁNAS:** entrañas, tripas.
**ESBAFÁR:** escapar el vapor.
**ESFONGATO:** tortilla de huevos con queso bien pasada.
**ESFRIÁR:** enfriar.
**ESFUMÁDA:** bebida que perdió el gas.
**ESFUMAR:** dejar evaporar o que pierda el gas una bebida.
**ESKALDADO/A:** escaldado/a.
**ESKALDÁR:** escaldar.
**ESKALÓP:** escalope.
**ESKAMA:** escama.
**ESKARNÁDO:** descarnado.
**ESKARNÁR:** descarnar.
**ESKIFÁR:** disgustar.
**ESKIFO:** disgusto, repugnancia.
**ESKOLADO:** quitado el líquido, colado.
**ESKOLADURA:** coladura.
**ESKOŽIDO/A:** elegido/a.
**ESKUMAR:** quitar la espuma.
**ESKUMARADA:** espuma.
**ESKUMBRI:** caballa.
**ESKUMÓZO:** espumoso.
**ESPÁLDA:** espalda.
**ESPIGA:** maíz.
**ESPINÁKA:** espinaca.
**ESPINIKA EN MEDYO:** boquerón.
**ESPINO:** espina.
**ESPINOTA:** lubina, róbalo.
**ESPINÓZO:** espinoso.
**ESPLUMÁDO/A:** desplumado/a.
**ESPLUMADÓR:** desplumador.
**ESPLUMÁR:** desplumar.
**ESPRIMÍDA:** acción de exprimir.
**ESPRIMIDÉRA:** exprimidor.
**ESPRIMIDÚRA:** zumo obtenido de exprimir.
**ESPRIMIR:** exprimir.

**ESPULGAR:** limpiar un animal doméstico o salvaje tras su sacrificio o muerte.
**ESPÚMA:** espuma.
**ESPUMÁDO/A:** bebida a la que se ha quitado el gas.
**ESPUMÁR:** quitar la espuma.
**ESPUMARADA:** espuma.
**ESPUMÓZO:** espumoso.
**EVAPORAR:** evaporar.
**EVAPORASYON:** evaporación.

## F

**FALAFEL:** guiso de garbanzos cocidos.
**FAMBRE:** hambre.
**FAMBRENTO:** hambriento.
**FARINA:** harina.
**FARINERO:** harinero.
**FARINOZO:** harinoso.
**FÁRTO:** harto.
**FARTÚRA:** hartura, saciedad.
**FASULYAS:** judías verdes.
**FIDEYO:** fideo.
**FIGÉRA:** higuera.
**FIGÉRO:** higuera.
**FÍGO:** higo.
**FIJON:** guiso de carne con alubias.
**FILA:** masa de hojaldre.
**FILÉTO:** filete.
**FILÍKA:** empanadilla.
**FILÍKO:** hilo de agua.
**FISKA:** miga, trozo pequeño de algo.
**FLÁKO:** delgado.
**FLOR:** flor, lo mejor de algo.
**FORMÍGO:** pastel de miel y almendras.
**FORNÁDA:** hornada, conjunto de panes o platos salidos del horno.
**FÓRNO:** horno.
**FRÁNGULA:** fresa.
**FREGADO:** fregado.
**FREGADÚRA:** frotado.

**FREGAR:** fregar, frotar.
**FREGÓN:** trapo de fregar.
**FREÍDO:** fritura.
**FREÍR:** freír.
**FRENKE:** tomate verde.
**FRESKÍTO:** fresquito.
**FRÉSKO:** fresco.
**FRESKÓR:** frescor.
**FRESKÚRA:** frescura.
**FRIJALDÍCAS:** pasteles de hojaldre con relleno de queso y verduras.
**FRÍO:** frío.
**FRITA:** albóndiga.
**FRITADA:** gratinado, almodrote.
**FRITÍKA:** croqueta.
**FROŽALDA:** piel, membrana fina, hojaldre.
**FROŽALDADO:** hojaldrado.
**FRÚTA:** fruta.
**FRUTÉRA:** frutero, recipiente para poner la fruta.
**FRUTÉRO:** frutero, comerciante de fruta.
**FUMANTE:** humeante.
**FUMÁR:** humear.
**FUMASINA, FUMESINA:** humareda.
**FÚMO:** humo.

## G

**GALYINA, GAYINA, GAYNA:** gallina.
**GARÁTO:** alosa, variedad de pescado.
**GARNITÚRA:** garnitura, adorno, acompañamiento de un plato.
**GARVANSO:** garbanzo.
**GASTAR:** gastar, gasto.
**GASTE:** gasto.
**GLIDA:** helado.
**GODRURA:** grasa, sebo.
**GOTA:** gota.
**GOTEÁR:** gotear.
**GOTÉO:** goteo.
**GRANÁDA:** granada (fruta).

**GRANADO:** granado (árbol de la granada).
**GRÁNO:** grano.
**GRASTADA:** tortilla de huevos sazonada con limón y hervida en caldo de pollo u otra carne.
**GUERTO:** huerto.
**GUEBINA:** queso.
**GUSTADA:** alegría (hierba aromática) molida y hervida en caldo de pollo u otra clase de carne.
**GUSTÁR:** gustar.
**GUSTIKO:** gustico.
**GUSTO:** gusto.
**GUZÁNO:** gusano.
**GWARNIR:** adornar, complementar un plato.
**GWERTELANO:** hortelano.
**GWERTIZIKA:** pequeño huerto o jardín.
**GWERTO/A:** huerto/a.
**GWESO:** hueso.
**GWEVADA:** hueva de pescado.
**GWEVAR:** poner huevos.
**GWEVO:** huevo.
**GARRA:** jarro, recipiente.
**GARRO:** jarro, recipiente.

## H

**HABE:** ave.
**HALKA:** rosquilla.
**HALVA:** carne de membrillo.
**HALLAT:** pan del Sabat.
**HALLOT:** pastelería, repostería.
**HAMAN:** carne ahumada.
**HAMANTASHEM:** empanada rellena de frutos secos y amapolas.
**HARÍSSA:** pimentón picante.
**HARÓSSI:** compota del dulce tradicional de la Pascua judía.
**HATSILIMKEM:** plato de berenjenas.
**HIYÉR:** olla, marmita.
**HOLUOYES:** col rellena.
**HUMMÚS:** plato árabe de garbanzo elaborado también en la cocina judía.

## I

**IGADO:** hígado.
**IGÉRA:** higuera.
**ÍGO:** higo.
**IŽYEN:** higiene.
**IŽYENIKO:** higiénico.

## J

**JAGAB:** comida ritual de langosta.
**JALOT:** postre.
**JALÁ:** pan ritual del sábado.
**JAMETZ:** pan fermentado.
**JAMÍN:** comida ritual del sábado, de trigo y carne cocida, conservada desde el viernes para comerla el sábado al mediodía.
**JAMINIKO:** fuente donde es cocido y servido el jamín del sábado de cada adulto de la familia judía.
**JARGOL:** langosta de la comida ritual.
**JAROSET:** postre de la cena del Seder.
**JARUV:** algarrobo.
**JAZIR:** cerdo, animal impuro.
**JELEV:** sebo.
**JEMÁ:** manteca.
**JWEGO:** fuego.
**JWERZA:** fuerza, potencia.
**JWERSÚDO:** fuerte, robusto.
**JWÉRTE:** fuerte, vigoroso.
**JWERTEZÍKO:** muy duro.

## K

**KABRIOLO:** cabrito, cría de cabra; "kabriola de penya", cabra montés".
**KAČAR:** cazar.
**KACHA:** gacha.
**KACKARIKA:** cáscara, piel.
**KACHER:** alimento apto para la comida ortodoxa.
**KAFÉ:** café.
**KAFETERIA:** cafetería.

**KAFETYERA:** cafetera.
**KAKAO:** cacao.
**KALAVÁSA:** calabaza.
**KALAVASÁDA:** dulce de calabaza con almendras tostadas.
**KÁLDO:** caldo, salsa.
**KALDÚDO:** caldoso.
**KALKÁN:** rodaballo.
**KALOR:** calor.
**KALORIFER:** calorífero.
**KARNABIT:** coliflor.
**KANDÉLA:** candela.
**KANDIL:** lámpara de aceite o petróleo.
**KAPARÁDA:** el rabo del melón o la sandía.
**KAPÁRRA:** alcaparra.
**KARAF JUJEH:** pollo en salsa.
**KARAMÉLA:** caramelo.
**KARNE:** carne, "karne pikada", carne picada.
**KARPAS:** vegetal utilizado en la comida del Seder.
**KASCHA:** granos de trigo.
**KASTANYA:** castaña.
**KAVRITA/O:** cabrito.
**KAVRÓN:** cabrón, macho cabrío.
**KAYISI:** albaricoques; "kayisi seko", albaricoques secos, orejones.
**KEBÁB:** plato árabe de cordero asado que se elabora también en la cocina judía.
**KEZADA:** pasta de queso.
**KEZADIKA:** pasta de queso.
**KEZERA:** quesera, recipiente para queso.
**KEZÉRO:** quesero, comerciante de queso.
**KÉZO:** queso.
**KILO:** kilo.
**KLÁRA:** clara del huevo.
**KLÁRO:** claro.
**KLENYE:** albóndiga.
**KODRERO:** cordero.
**KOL:** col.
**KOLADIŽO:** filtrado.
**KOLÁDO:** filtrado.

**KOLADÓR:** colador.
**KOLIFLÓR:** coliflor.
**KOLIOS:** atún en salazón.
**KOMBITE:** convite.
**KOMEDÉRO:** hambre desenfrenada, bulimia.
**KOMÉDIZO:** comida mal organizada o detestable.
**KOMEDÓR:** persona de buen apetito.
**KOMEDÓR:** comedor, habitación donde se come.
**KOMÉR:** comer.
**KOMÍDA:** comida, plato.
**KOMÍDO:** comido, satisfecho.
**KOMPÓSTO:** compota.
**KONFITO:** bombón, caramelo.
**KONFITERÍA:** confitería, bombonería.
**KONFITÚRA:** confitura.
**KONFITÚRYA:** confitura.
**KONAK:** coñac.
**KOPÉTA:** turrón de almendras o nueces consumido en el Purím por los sefardíes.
**KOPIKA:** copa pequeña.
**KORTÁR:** cortar.
**KORTE:** corte, cuchilla.
**KOSTIYA:** costilla.
**KOTCHAR:** cocer.
**KOTCHO/A:** cocido/a.
**KOZA:** pasta, masa.
**KOZINA:** cocina.
**KOZINAR:** cocinar.
**KOZINERO:** cocinero.
**KRÉMA:** crema.
**KREMERIA:** cremería.
**KRESTA:** cresta.
**KRISTAL:** cristal.
**KRISTALERIA:** cristalería.
**KRÚDO:** crudo.
**KURABYE:** pastel elaborado con azúcar, nueces molidas y sémola de pan ázimo. Se come en la Pascua del Pesah.
**KWAŽADA:** cuajada.

**KWAŽADO:** cuajado, coagulado.
**KWAŽADURA:** cuajadura.
**KWAZÁR:** cuajar, coagular.
**KWEŠKO:** hueso de la fruta.
**KWEZÉR:** cocer.
**KWEZIDURA:** cocimiento, cocción.
**KYEFTE:** albóndiga.

## L

**LABAN:** leche agria (árabe).
**LEJEM:** pan; "lejem oni", pan de ofrenda; "lejem mishné", pan ritual en recuerdo del maná caído del cielo.
**LAKERDA:** bonito, alosa.
**LEBDO:** leudo, levadura.
**LAVADOR:** vajilla sucia y dispuesta para ser lavada.
**LAVADÚRA:** primer lavado de un recipiente o vajilla.
**LEČE:** leche.
**LEČUGA:** lechuga.
**LEČUGÉRO:** vendedor de lechugas.
**LENTEJA, LENTEZA:** lenteja.
**LEÑA:** leña.
**LEÑO:** leño.
**LETCHE:** leche.
**LEVADÚRA:** levadura.
**LEVDÁDO:** fermentado.
**LEVDÁR:** fermentar, leudar.
**LEVRÉK:** lubina.
**LIKOR:** licor.
**LIMÓN:** limón.
**LIMONÁDA:** limonada.
**LIMONÉRA:** prensador de limones.
**LIMPYO:** limpio.
**LOAP:** gelatina.
**LOKSCHEN:** masa de harina de trigo.
**LÓSA:** vajilla reservada para la festividad de la Pascua judía.
**LULAV:** hoja de palmera.

**LUMBRADA:** lumbre o fuego principal de una casa.
**LUMBRE:** lumbre.
**LYEBDO:** leudo.

## M

**MAČUKADO:** machacado.
**MAČUKÁR:** machacar.
**MAHABAT:** pastel de miel.
**MAÍZ:** maíz.
**MAJAR:** moler, machacar.
**MAKARRÓN:** macarrón.
**MAKARRONÁDA:** plato de macarrones.
**MALLEBI:** crema con sabor a agua de rosas.
**MANÁ:** sustancia azucarada obtenida haciendo incisiones en la corteza de un fresno florido.
**MÁNDALAJ:** masa de harina, huevo, azúcar, agua y sal.
**MANEÁR:** remover.
**MANGRÁNA:** granada (fruto).
**MANGAR:** comer.
**MANSÁNA:** manzana.
**MANTÉKA:** manteca.
**MANTEKÁDO:** aceitoso, mantecoso, untuoso.
**MANTEKERO:** persona que vende manteca.
**MARGARINA:** margarina.
**MARMALATA:** mermelada.
**MARMELÁDA:** mermelada.
**MÁSA:** masa.
**MASÁ:** pan ácimo.
**MASADÚRA:** mezcla de harina, agua y levadura preparada para la panificación.
**MASAPÁN:** mazapán.
**MASIŽO:** pasta trabajada y dejada para que repose.
**MATJÉS:** sardinas arenques.
**MATZÁ:** masa de pan ácimo.
**MAYA:** levadura.
**MAYONEZA:** mayonesa.
**MELISA:** melisa (Bot.)

**MELOPITA:** panecillo o torta de sémola amasada con miel.
**MENUDÁYA:** menudillo, despojos.
**MENUDAYÉRO:** vendedor de menuda, despojos.
**MEÓYO:** sesos.
**MERÉNDA:** merienda.
**MERENǦENA:** berenjena.
**MERÍNGA:** merengue.
**MERKÁDO:** mercado.
**MEYÍNA, MIYÍNE:** plato elaborado con hojaldre y un relleno de queso y huevos.
**MEZA:** mesa.
**MEZE:** mies, cosecha.
**MEZET:** entremeses, aperitivos.
**MEZÍKA:** mesa pequeña.
**MEZÚRA:** medida.
**MEZURÁDO:** medido.
**MEZURÁR:** medir.
**MIŽO:** mijo.
**MODRER:** morder.
**MODRISKEÁR:** mordisquear.
**MODRÍSKO:** mordisco.
**MOLEJA:** molleja.
**MONDÁR:** mondar.
**MONTÓN:** montón.
**MORÚNA:** bacalao.
**MÓSTO:** mosto.
**MOVÉR:** mover.
**MUNDARIHI:** menudos, criadillas.
**MURAG:** sopa de carne.
**MWELER:** moler.
**MWELIDO:** molido.
**MWELINO:** molino.
**MWEZ:** nuez.

## N

**NARANǦA:** naranja amarga.
**NÁVO:** nabo.
**NIKÚR:** sucio.

**NOGÁDA, NUGÁDA:** salsa de nuez, plato de carne condimentado con salsa. de nuez.
**NUGÁ:** nougat (francés), dulce elaborado con almendras, azúcar y eventualmente con otros frutos secos.
**NWÉZ:** nuez.

## Ñ

**ÑERVO:** nervio.
**ÑERVOZO:** nervioso, con nervios.
**ÑEVE:** nieve.
**ÑUDIKO:** nudo pequeño.
**ÑUDO:** nudo.
**ÑUDOZO:** nudoso.

## O

**ÓDRE:** odre.
**OHALOT:** carpas, peces de agua dulce.
**OMELETA:** tortilla.
**OREJA DE AMÁN:** rosquilla de Amán (dulce).
**ÓRNO:** horno.
**ORTIGA:** ortiga (Bot.).
**OVÉŽA:** oveja.

## P

**PALAMIDA:** atún, alosa.
**PALÓMBA:** paloma, pichón.
**PAN:** pan.
**PAN D'ESPANYA:** bizcocho con sabor de limón.
**PANADERA:** panadero, recipiente para poner el pan en la mesa.
**PANADERÍA:** panadería, tienda donde se vende el pan.
**PANEZIKO:** panecillo.
**PAPÁRRA:** sopa de pan.
**PAPIKA:** papilla, guiso ligero de harina o sopas.
**PAREV:** alimento que no contiene carne ni leche.
**PARRA:** parra.
**PASA:** pasa.
**PÁSTA:** pasta.

**PASTÉL:** pastel.
**PASTELERO:** pastelero.
**PASTELÍKO:** pequeño pastel.
**PASTIČA:** pastilla.
**PASTIČERIA:** pastelería.
**PASTIČERO:** pastelero.
**PATCHA:** pata, mano de animal.
**PAVA:** pava.
**PAVÓN:** pavo.
**PAZI:** acelgas.
**PEDÁSO:** pedazo.
**PEIROT:** frutas.
**PEPERUCHKA:** pimiento.
**PEPÍNO:** pepino.
**PEPITA:** pepita.
**PEPITÁDA:** bebida elaborada con varias verduras, adicionadas de agua o leche y azúcar.
**PÉRA:** pera.
**PERAL:** peral.
**PERICHIL:** perejil.
**PETCHIA:** guiso de carne que se prepara el viernes.
**PETICAS DE BENECH:** galletas de frutos secos.
**PICHKADO:** pescado
**PILA:** pila, fregadero.
**PIMYENTA:** pimienta.
**PLATAČO:** plato.
**PLATÁDA:** plato con colmo.
**PLATANAL:** platanal.
**PLÁTANO:** plátano.
**PLATO:** plato.
**POLVO:** harina.
**POLVOREÁR:** espolvorear.
**PORTOKAL:** naranja (árabe).
**POYO:** pollo.
**PRASA:** puerros.
**PRASIFUTCHI:** gratinado de puerros.
**PREPARAR:** preparar.
**PREPARASYON:** preparación.

**PREŠIL:** perejil.
**PRÓVA:** prueba.
**PROVÁR:** probar.
**PRUNA:** ciruela.
**PUDRIDO:** podrido.
**PUDRIR:** pudrir.
**PULI:** jarrete de buey o vaca guisado.
**PÚLPA:** pulpa. También se dice a la carne deshuesada.
**PUNADIKO:** pequeño puñado de algo.
**PUÑADO:** puñado.
**PUTCHA:** estofado de verduras y cordero.
**PWERKO:** cerdo, puerco.

## R

**RAEDÚRA:** raspadura.
**RAER:** raspar.
**RAFINÁR:** refinar.
**RAFRESKAMYENTO:** refrescamiento.
**RAFRESKÁR:** refrescar.
**RAÍDO:** rallado; "keso raído", queso rallado.
**RAIZ:** raíz (Bot.).
**RAKI:** anís.
**RAMA:** rama.
**RÁVANO:** rábano.
**RAVANIKO:** rabanito.
**RAVIKO:** tallo.
**REDOMA:** botella
**REFREGAR:** frotar.
**REFREGÓN:** frotación enérgica.
**REGIGIM:** bizcocho de harina, huevos, ralladuras de cáscara de limón, almendras machacadas y vainilla.
**REVANÁDA:** rebanada.
**REVANADIKA:** rebanadita.
**REVANÁR:** comer con glotonería.
**RIGANO:** orégano.
**RIZOTO:** arroz a la milanesa (ital.).

**ROSBIF:** rosbif (inglés).
**RÓSKA:** rosca.
**ROSKITA:** rosquilla.
**RÓSTO:** carne asada, asado (ital.).

## S

**SAFANÓRYA:** zanahoria.
**SAFRÁN:** azafrán.
**SAKARINA:** sacarina.
**SALADIKO:** un poco salado, muy caro.
**SALÁDO:** salado.
**SALADÚRA:** acción de salar.
**SALAH:** carne picada o en salazón.
**SALAMÚRA:** salmuera.
**SALÁR:** salar.
**SALAT GEZER:** ensalada de zanahoria.
**SALATA:** ensalada; "para una bwena salata se kyere dos d'azeyte y una de vinagre", 'para una buena ensalada son precisas dos medidas de aceite y una de vinagre', las cosas requieren lo suyo.
**SALATYÉRA:** vinagrera.
**SALČIČA:** salchicha, salchichón.
**SALČIČERÍA:** salchichería, charcutería.
**SALČIČERO:** salchichero, charcutero.
**SALÉRA, SALERO:** salero.
**SALSA:** salsa.
**SARDELA:** sardina, también se dice de la persona delgada.
**SARTÉN:** sartén.
**SAVÓR:** sabor.
**SAVOREADOR:** degustador.
**SAVOREAR:** saborear.
**SAVORÉO:** degustación.
**SAVRÓZO:** sabroso.
**SAWIK:** tarta.
**SED:** sed.
**SEDASO:** cedazo.
**SEI:** olla para cocer carne.

**SELLABRAN:** olla o caldera para guisar.
**SEKÁR:** secar.
**SEKO:** seco, sin lÍquido.
**SEMARADO:** sembrado.
**SEMOLA:** sémola.
**SENSENYO:** cenceño, pan ácimo.
**SERNIR:** cernir.
**SÉVO:** grasa, sebo.
**SEVOYA:** cebolla.
**SFONGO:** puré.
**SODRIKA:** sopa de pan ácimo.
**SUPA:** sopa.
**SUVIDIKO:** muy cocido.
**SUVIR:** subir.
**SUZYEDAD:** suciedad.
**ŠARGA:** mandil de cocina.
**ŠAVON:** jabón.
**ŠAVONERA:** jabonera, recipiente para colocar el jabón.
**ŠAVONERIA:** jabonería, comercio donde se vende el jabón.
**ŠAVONERO:** jabonero, comerciante de jabón.
**SAMURA:** harina muy seca con la que se elaboran las tres galletas ácimas de la ceremonia de celebración de la Pascua.

## T

**TAFLÁN:** laurel.
**TAJIN:** residuos del sésamo del que se extrae aceite.
**TÁPA:** corcho, tapadera.
**TAPADERA:** corcho.
**TAPADA:** empanada.
**TAPAR:** cerrar con un corcho, cubrir.
**TARÁMA:** huevas de carpa, bacalao o abadejo.
**TAVÁ:** plato de carne o pescado al horno con guarnición de verduras.
**TAVLA:** plancha de madera u otro material.
**TAVLERO:** plancha sobre la que se amasa.
**TAYARINA:** tallarines, pasta doméstica.
**TAŽÁDA:** tajada, porción grande de cualquier alimento.

**TAŽO:** tajada, porción cortada a cualquier alimento.
**TAŽON:** tajada grande de un alimento fresco o elaborado.
**TENǦERE:** marmita, cacerola.
**TICHPICHTI:** pastel de Pascua almibarado.
**TIVYO:** tibio.
**TIZANA:** tisana.
**TIŽÉRA:** tijeras.
**TOMÁT:** tomate.
**TOMATÁDA:** tomatada, plato elaborado con abundante tomate.
**TARMUZ, TURMUZ, TRAMÚZ:** altramuz (árabe).
**TÚTANO:** tuétano.
**TYERNO:** tierno.
**TYESTO:** tiesto.

## U

**UEVO:** huevo
**UNIR:** unir, ligar.
**UNTÁDO:** untado.
**UNTADURA:** acción de untar.
**UNTAR:** untar, humedecer.
**ÚVA:** uva.
**UVERO:** vendedor de uva.

## V

**VACA:** vaca.
**VAKITA:** ternera.
**VALERYÁNA:** valeriana (Bot.).
**VANTILADOR, VANTILATOR:** ventilador.
**VAPOR:** vapor.
**VAPORAR:** echar vapor.
**VAPORIZADOR:** vaporizador.
**VAPORIZAR:** evaporarse.
**VAPORIZASYON:** evaporización.
**VAZIKO:** vaso pequeño.
**VAZIO:** vacío.
**VAZO:** vaso.
**VAZYAR:** vaciar.

**VEDRURA:** verdura.
**VELA:** visillo.
**VENDER:** vender
**VENDIDA:** venta.
**VENDIMYA:** vendimia.
**VENTANA:** ventana.
**VERGEL:** vergel.
**VEŽETAL:** vegetal.
**VIANDA:** grasa líquida, caldo concentrado.
**VINAGRADO:** avinagrado.
**VINAGRE:** vinagre.
**VINAGRENTO:** avinagrado, con sabor a vinagre.
**VINÍKO:** vino joven, reciente.
**VINO:** vino.
**VINOZO:** con sabor a vino.
**VIÑA:** viña.
**VIÑERO:** viticultor.
**VITAMINA:** vitamina.
**VITRINA:** vitrina, armario con cristales.

## W

**WATA:** guata.
**WEKO:** hueco, vago, indeterminado.

## X

**XABÓN:** jabón.

## Y

**YAGLADEAR:** engrasar, untar con aceite o mantequilla.
**YAGLI:** grasiento, aceitoso.
**YAGUM:** jarro.
**YAGUR:** yogur.
**YAHNI:** guiso elaborado con abundante cebolla, encebollado.
**YAPRAKE:** hoja de verdura enrollada, rollo de la misma verdura.
**YELÁR:** helar, enfriar.
**YELARSE:** helarse, enfriarse.

**YEMUŠADEAR:** humedecer, volver tierno, blando.
**YEMUŠAK:** tierno, blando.
**YENČIBRE:** jengibre.
**YENIBAR:** pimienta.
**YENO:** lleno, repleto, relleno.
**YENTAR:** plato de huevos revueltos con queso.
**YENTARIKO:** plato de huevos revueltos con queso.
**YENURA:** plenitud, abundancia.
**YERIZ:** desagüe del fregadero.
**YERMÉN:** germen, semilla.
**YERBA:** yerba, hierba.
**YERVA:** hierba, heno.
**YERVADO:** césped.
**YIRIZ:** desagüe.
**YOGURT:** yogur.
**YULÁF:** avena.

## Z

**ZAIF:** débil, de poca fuerza o salud.
**ZAJARINA:** sacarina.
**ZARZAMORA:** zarzamora.
**ZAYIF:** débil, de poca fuerza o salud.
**ZAYERÉT:** provisiones, víveres.
**ZIAFÉT:** banquete.
**ZALATINA:** gelatina.

# HUELLAS DE LAS COCINAS ÁRABE Y JUDÍA EN LA COCINA ESPAÑOLA

No es tarea fácil, como apuntábamos en la Introducción a los recetarios gastronómicos árabe y judío, lograr una nítida definición de los vestigios hispanoárabes o hispano-judíos en la cocina clásica española. El empeño, no obstante, aunque quedase en intento, merece la pena. Al-Andalus, como quedó probado en la Historia, fue convivencia armónica entre etnias, religiones y culturas diferentes. El arte culinario era un elemento más de la cultura social de aquella civilización andalusí. En esta cultura gastronómica encontramos en ocasiones una interrelación indudable junto a factores de una mayor o menor integración.

De la cocina indígena básica, ibera o celtíbera, así como de otros períodos históricos posteriores, nos quedan pocos datos. Sólo intuimos que la gastronomía española cobra sus claves esenciales mirando a Oriente, recibiendo sus productos e inspiraciones culinarias de allí. La vid y el olivo nos vienen del Mediterráneo Oriental...

La cocina romana, como dijimos al comienzo de esta obra, nos aportó el ajo y el aceite. El ajo, por otra parte, había sido traído por las legiones romanas de Egipto. La colonización griega primero y la conquista romana después nos darán la vid y el olivo. La cocina romana será la que extienda en Hispania el uso del aceite. Con anterioridad, en todo el Mediterráneo Occidental se utilizaba la grasa animal.

Esta primera aportación romana junto a la utilización de la cocina de las salmueras, las especies piscícolas más variadas, tanto en sabores fuertes y transformados de "garum" como consumidas directamente de viveros y estanques domésticos; las bebidas de hidromiel, de origen griego; los vinos generosos –jóvenes y de añada– marcarán los rasgos esenciales de la cocina española.

La aportación árabe a la cocina española desde el año 711 de nuestra Era traerá a la gastronomía española nuevos platos, renovados sabores y condimentos desconocidos desde el Norte de África, Asia Menor, Persia o la remota India. El limón, la toronja, la cidra, la naranja aparecen en la cocina española antes de que las Cruzadas transmitan a Europa desde Oriente Medio muchos de estos productos. El azafrán, la nuez moscada, la pimienta negra, la caña de azúcar están presentes en la cocina española con lo llegada de los árabes.

Serían, pues, los árabes quienes trajeran a España una nueva concepción gastronómica. La nueva moda culinaria sería asimilada rápidamente por los hispanogodos e hispanorromanos. Cuando en el lento retroceso de la Reconquista, vaya avanzando la nueva cocina de los reinos cristianos, se manifestará claro un fenómeno de ósmosis cultural que había ido forjándose en siglos anteriores: la cocina árabe, sus sabores y platos, serán parte sustancial de la gastronomía española. "Ya avanzada la Reconquista afirma Dionisio Pérez en su excelente *Guía del buen comer español*[17] es indudable que van quedando en las capitales conquistadas cocineros mudéjares, como quedaron alarifes, orfebres y tejedores".

Esta cocina hispanoárabe, con la impronta indígena y más adelante, hispanoamericana, será la que se extienda a Francia e Italia, llegando su fama a través de los ejércitos de Carlos V a Alemania y Flandes. Repasando las anotaciones culinarias de Leonardo da Vinci, contenidas en el llamado *Codex Romanoff* que debieron de ser escritas entre 1481 y 1500, hallamos recetas de la cocina hispanoárabe e hispano-judía como el manjar blanco, el pastel de flores y la sopa de almendras, que ya habían llegado en esa época a la gastronomía del Renacimiento.

Arte islámico de Al-Andalus.

Por otra parte, desde el siglo IX, las peregrinaciones europeas a Santiago de Compostela, con sus escalas en monasterios y hospederías, los lugares en que se había recogido la ciencia gastronómica como una fa-

[17] Dionisio Pérez: *Guía del buen comer español.* Edit. La Val de Onsera, Co. Alifara, Madrid, 1976.

ceta más de la cultura social durante la Reconquista, harán que la cocina medieval española sea conocida en Europa y algunos de sus platos se transmitan a través de esta ruta jacobea.

Es particularmente interesante el estudio de los Fueros y Privilegios medievales[18] así como los más detallados reglamentos y Ordenanzas municipales[19] desde la óptica culinaria. A través de estos textos jurídicos –si no nos diera también noticia la Historia misma– vemos cómo la corriente de flujos mercantiles y de productos alimenticios fue constante entre Al-Andalus y la España cristiana. Por ejemplo, el Privilegio del Rey Don Alfonso VII, eximiento a los mozárabes, castellanos y francos de la ciudad de Toledo, del derecho de portazgo y de alexor, el año 1157, afirma taxativamente:

"Mozarabos, Castellanos, Francos quod non dent portaticum in Toleto in introitu, neque in exitu, nec in tota mea terra, de totis illis causis quas comparaverint, vel vendiderint aut de alio loco secum adduxerint. Illi vero homines qui cum mercaturas ad terram maurorum..."

Si se consideran desde tal óptica los productos alimenticios y el abastecimiento de las ciudades, las conclusiones a que se llega son de sumo interés. El Fuero de Segovia, por ejemplo, recoge las prescripciones de Derecho Islámico malikí respecto a la prioridad de los molinos de trigo o en la utilización de las aguas de los ríos. El Fuero de León de 1020 da normas para que todos los habitantes de dentro o fuera de la ciudad acudan el primer día de Cuaresma al capítulo de Santa María de Regla para fijar las medidas del pan del vino y de la carne y el precio de las labores de aquel año, sancionándose la inasistencia con una multa que se debía pagar al merino del rey. Las Ordenanzas municipales, por

Arte islámico de Al-Andalus.

[18] Tomás Muñoz y Romero: *Colección de Fueros Municipales y cartas pueblas de los reinos de Castilla, León, Corona de Aragón y Navarra.* Edit. Atlas, Madrid, 1970.

[19] Antonio Embid Irujo: "Ordenanzas y reglamentos municipales en el Derecho Español". Instituto Estudios de Administración Local, Madrid, 1978.

su parte, disponen el aprovechamiento de los bienes comunales que forman el principal patrimonio de la comunidad, regulan el abastecimiento de la ciudad y la observancia incluso de la festividad hebrea del Sabat.

Cerámica de Talavera. Jarrón. Finales siglo XVII.

La sociedad española de los siglos XV, XVI y XVII incluso conoce una gastronomía donde el sincretismo entre las distintas especialidades culinarias de las comunidades que habían existido en la Península Ibérica es inimaginable. Como ejemplo de lo que decimos, podemos citar la utilización del sabor del altramuz –costumbre árabe y judía–, machacando éste para condimentar la carne. Este hábito culinario debía de ser general, pues sabemos que la propia Santa Teresa, a quien no gustaba la carne de pollo, utilizaba este condimento para encubrir el sabor de la citada carne.

Si de la cocina nacional nos remitimos a la regional, los ejemplos de la influencia de la cocina hispanoárabe son infinitos. Son, en este orden, de sumo interés las observaciones contenidas en el libro de Antonio Beltrán Martínez titulado *Cocina Aragonesa* [20] donde subraya unas notas de la gastronomía en esta región que son nítidamente árabes: el comer exageradamente (especialmente en las celebraciones festivas de carácter religioso, social o familiar), el "obsequio" con ocasión de la comida o de un acto social e incluso el mismo afán de ostentación.

Faltan documentos históricos o de costumbres sobre los que fundar un estudio completo y fidedigno del arte culinario de la sociedad española en los siglos XV, XVI y XVII, durante los cuales permanece viva aún

[20] Antonio Beltrán Martínez: *Cocina Aragonesa*, Zaragoza, 1981. "En Aragón, la conclusión de un contrato daba lugar a una celebración, común sin duda con diversas modalidades a toda España, que recibe el nombre de "lifara", palabra que para unos procede del árabe "alfarah", alegría, y para otros, quizás más en lo justo, de "aljifara", impuesto o tributo, por la obligación moral contraída al cerrar un trato. Lo bueno es que los documentos medievales conservan noticia de estas alialas, aldehalas, alifalas o aligalas, que R. Andolz define como merendona, banquete, comida muy abundante y extraordinaria en los platos".

una tradición gastronómica hispanoárabe e hispano-judía. Tenemos que limitar nuestro estudio, por consiguiente, a unos pocos libros gastronómicos que han llegado hasta nosotros y algunos testimonios literarios en los que se reflejan determinados platos de indudable raigambre andalusí.

Son cuatro los libros gastronómicos de estos siglos que atraen nuestro interés y de los cuales se extraen conclusiones de fácil extrapolación a la cocina clásica española y a la propia cocina. española actual:

- *Arte Cisoria*, de Don Enrique de Villena. Edición de Madrid del año 1766. Obra del siglo XV.

- *Libro de Guisados, Manjares y Potajes, compuesto por Maese Ruperto de Nola, Cocinero que fue del Serenísimo Señor Rey Don Hernando de Nápoles*. Obra del siglo XVI.

- *Arte de cocina, pastelería, vizcochería y conservería: compuesta por Francisco Martínez Montiño, Cocinero Mayor del Rey nuestro Señor*. Obra escrita en el siglo XVII.

- *Nuevo Arte de Cocina. Sacado de la Escuela de La Esperiencia Económica* de Juan Altimiras, obra editada en Madrid el año 1745, que contiene un interesante recetario de cocina hispanoárabe e hispano-judía.

Por sus referencias gastronómicas es de sumo interés, igualmente, la novela titulada *La lozana andaluza* de Francisco Delicado, publicada el año 1528.

A los libros reseñados nos vamos a referir en siguientes líneas para tratar de dibujar los trazos esenciales de nuestra cocina clásica, que condicionarán la gastronomía nacional española y su reflejo en las distintas cocinas regionales del variado e interesante panorama culinario español.

Cocina de azulejos de Manises.

El llamado *Arte o Tratado del Arte del Cortar del Cuchillo* fue escrito por Don Enrique de Aragón, Marqués de Villena. Este era hijastro de Don Pedro, Infante

Caja de plata nielada y ágatas, mozárabe, siglo X.

de Aragón, nieto a su vez del rey Don Jaime II. La madre era hija bastarda de Don Enrique II de Castilla y de Dª Elvira Íñiguez de Vega, prima hermana del Rey Enrique III de Castilla.

Consta *Arte Cisoria* de veinte capítulos y está fechada la obra en Torralba el 6 de septiembre de 1423. Don Juan de Castilla estuvo a punto de ordenar la quema de este libro entre otros. Asimismo, se salvó del incendio de 1670 en el Real Monasterio de San Lorenzo del Escorial. De esta obra sólo se conserva un manuscrito en la Real Biblioteca de este Monasterio.

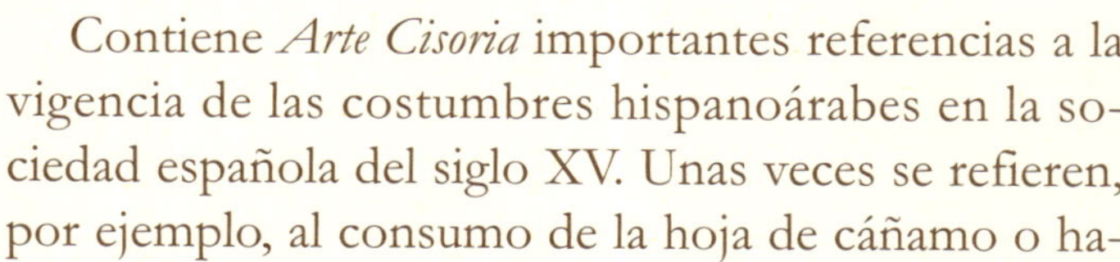

Montilla. Tinaja.

Contiene *Arte Cisoria* importantes referencias a la vigencia de las costumbres hispanoárabes en la sociedad española del siglo XV. Unas veces se refieren, por ejemplo, al consumo de la hoja de cáñamo o hachís, como cuando alude a las costumbres del buen Mayordomo cortador del Rey:

"guardarse deue de las cosas contrarias à las condiciones e costumbres dichas; en especial, de comer ajos, cebollas, puerros e culantro, e caluñas e el letuario de la foja de cáñamo e que dicen los moros "alhaxixa"...

Nos da noticias también de las costumbres de los hispanoárabes en materia culinaria:

"Entre moros non han uso de grandes cuchillos por que comen la vianda menuda, e adobada e apartada de los huesos..."

En el capítulo quinto nos muestra cómo la costumbre del lavado de las manos, ya sentado en la mesa como entre los hispanos-árabes, era observada entre las costumbres sociales de la época en que fue escrita la obra: "E quando el Rey estouiere asentado e tomando agua manos..."

Al hablar en el capítulo sexto de los distintos tipos de carne utilizados en la cocina, el Marqués de Villena se hace eco ya de la variedad gastronómica de la Península Ibérica según los distintos pueblos llegados a la misma:

"Vyandas diuersas vsaron en España segunt la diuersidad de las gentes que la enseñorearon; los usos dellas siguiendo la costumbre de las tierras donde vinieron".

La influencia árabe, tanto conceptual como terminológica, es evidente en *Arte Cisoria*, donde se repiten voces árabes de plantas o animales utilizados en la alimentación, consejos sobre el adobo y la salazón del pescado, etc.

La obra titulada *Libro de guisados, manjares y potajes*, de Maese Ruperto de Nola, editada en castellano en 1529 y anteriormente en lengua catalana, junto con el *Arte de cocina, pastelería, vizcochería y conservería: compuesta por Francisco Martínez Montiño, Cocinero Mayor del Rey nuestro Señor*, del siglo XVII, pueden considerarse las obras gastronómicas que reflejan y consagran en la literatura culinaria española la influencia de la cocina hispanoárabe.

El *Libro de guisados, manjares y potajes* de Maese Ruperto de Nola, se publicó, como decíamos anteriormente, primero en catalán bajo el título de *Libre del coch*, de Mestre Robert, sin que apareciera apellido alguno. El apellido Nola aparece en la edición castellana. Se titula a sí mismo cocinero del Rey Hernando o Fernando de Nápoles, sin precisar suficientemente quién fuera este monarca. Posiblemente intentó encubrir su personalidad y fuera realmente un morisco del Reino de Aragón. Su conocimiento de la cocina hispanoárabe es indudable.

Lora del Río. Tinaja. Alt.: 50 cm.

El libro titulado "Arte de cocina, pastelería, vizcochería y conservería: compuesto por Francisco Martínez Montiño", es del siglo XVII. En el mismo siguen repitiéndose las recetas de platos hispanoárabes e hispano-judíos, pero también hay abundantes referencias a la cocina francesa, italiana y portuguesa.

En el libro de Ruperto de Nola, quien, como decimos, da la sensación de tratarse de un morisco originario de Aragón, se dan en primer lugar consejos para el corte adecuado de la carne o el comportamiento de los servidores de la mesa del Señor, normas similares a las que da Don Enrique de Villena en su *Arte Cisoria*. A continuación y a lo largo del Tercero y Cuarto Capítulos, desarrolla todo un tratado de la cocina clásica española con abundantes platos que, tanto por sus componentes como por la técnica de elaboración expuesta, están inspirados en la cocina árabe o judía: mirrauste, manjar blanco, manjar real, morteruelo, potaje de coriandro, almodrote, berenjenas a la morisca, calabazas a la morisca, etc.

Lo mismo podemos decir del *Arte de cocina, pastelería y conservería compuesto por Francisco Martínez Montiño, Cocinero Mayor del Rey nuestro Señor*, del siglo XVII, donde aparece un interesante recetario de la cocina hispanoárabe: gallina morisca; rellenos de carne, fruta o huevos; hojaldres; almojavanas de quajada, etc. En este libro de gastronomía clásica española se manifiesta ya una notable influencia de la cocina francesa, italiana y portuguesa.

Sin perjuicio de volver sobre algunas de los recetas de Ruperto de Nola y de Francisco Martínez Montiño para comprobar su evolución y desarrollo en las distintas gastronomías regionales de España, hemos de hacer referencia a una obra literaria del siglo XVI: *La Lozana Andaluza*, de Francisco Delicado o Delgado, quien, como en el caso de Ruperto de Nola, oculta su identidad. Su apellido, judío, aparece en un privilegio de impresión de otra obra, otorgado por el Papa Clemente VII. La novela titulada *La Lozana Andaluza* fue publicada en 1528[21]. Basta con leer el comienzo del llamado Mamotreto II para que se ofrezcan a nuestra vida una serie de platos de la gastronomía hispanoárabe e hispano-judía que el autor parece conocer muy bien.

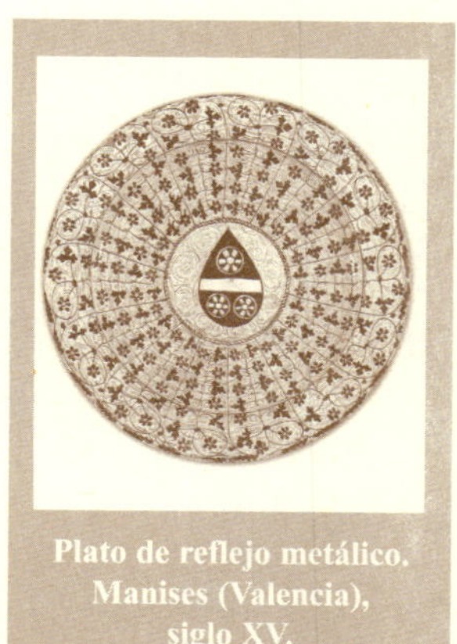
Plato de reflejo metálico. Manises (Valencia), siglo XV.

[21] Biblioteca Económica de Clásicos Castellanos, París, Luis Michault (s.a.)

MAMOTRETO II

"Responde la tía y prosigue.

–Sobrina, más ha de los años treinta que yo no ví a vuestro padre, porque se fue niño, y después me dixeron que se casó por amores con vuestra madre, y en vos veo yo que vuestra madre era hermosa.

LOÇANA: –¿Yo, señora? Pues más paresco a mi agüela que a mi señora madre, y por amor de mi agüela me llamaron a mi Aldonça, y si esta mi agüela vivía, sabia yo más que no sé, que ella me mostró guissar, que en su poder deprendí hazer fideos, empanadillas, alcuzcuçu con garbanzos, arroz entero, seco, grasso, albondiguillas redondas y apretadas con culantro verde, que se conoscian las que yo hazía entre ciento. Mirá, señora tía, que su padre de mi padre dezía: "Estas son de mano de mi hija Aldonça!" Pues, ¿adobado no hazía? Sobre que cuantos traperos había en la cal de la Heria querían proballo, y máxime cuando era un buen pecho de carnero. Y ¡qué miel! Pensá, señora, que la teníamos de Adamuz, y çafrán de Peñafiel, y lo mejor del Andaluzia venia en casa desta mi agüela. Sabía hazer hojuelas, prestiños, rosquillas de alfaxor, textones de cañamones y de ajonjolí, nuégados, xopaipas, hojaldres, hormigos torçidos con azeite, talvinas, çahinas y nabos sin toçino y con comino; col murciana con alcaravea, y "olla reposada no la comia tal ninguna barba". Pues boronía ¿no sabía hazer?: ¡por maravilla! Y caçuela de berengenas moxíes en perfiçión: caçuela con su agico y cominico, y saborcico... Rellenos, cuajarejos de cabritos, pepitorias y cabrito apedreado con limón çeuti. Y caçuelas de pescado çecial con oruga, y caçuelas moriscas por maravilla..."

Los términos "adafina", "adefina", "alcaravea", "alcuzcuz y alcuzcuzu", "alfajor y alfaxor", y almiherez y almirez", "azofeifa", "cocho" por cocido (como se escribe todavía, entre los sefardíes de Oriente Medio), "moji", "salmorejo", "talvinas", zafrán y "zahina", que se suceden a lo largo del texto de *La Lozana Andaluza* nos indican que el autor es un converso judío que conocía la cocina hispano-judía y la cocina hispanoárabe, muchos de cuyos platos eran alimentos corrientemente utilizados en la sociedad española de su época, mediados del siglo XVI.

Fuente en forma de cierva. Bronce. Época califal. Siglo X.

Como libro de interés para conocer las raíces de nuestra cocina clásica hay que reseñar también en este punto el titulado *Llibre de Sent Sovi*, de Pere Felip, catalán o valenciano, cocinero de vasta cultura y que trabajó en su oficio en la Corte de Inglaterra, adscrito a los servicios del Rey Eduardo II. De su interesante libro existen dos manuscritos, uno en Barcelona otro en Valencia[22].

La comida hispano-judía ofrece menos diferencias respecto a la cocina española tradicional que la cocina hispanoárabe. Ello se debe en buena parte a tres razones:

1ª) La cocina hispano-judía que se da en la España cristiana, donde viven desde el comienzo de la Reconquista importantes comunidades hebreas, es casi idéntica a la cocina medieval española, solo difieren los platos rituales judíos y los cambios que imponían las creencias religiosas (los "nabos sin toçino y con comino", que dirá el autor de *La Lozana Andaluza*).

2ª) La cocina hispano-judía que se desarrolla en Al-Andalus está muy influida por la gastronomía andalusí, a la que aporta algunos primeros platos y platos de carne o pescado.

3ª) Lo que da unidad a este conjunto de platos judeo-españoles es la observancia de una gastronomía ritual que unifica a dos tipos de cocina distintas en su origen.

Ahora se hace difícil distinguir en los recetarios gastronómicos sefardíes los platos que tienen uno u otro origen, superpuestos en ocasiones a modas e influencias de los países de acogida.

Juan Altimiras publicó en Madrid el año 1745 un libro pomposamente titulado *Nuevo Arte de Cocina. Sacado de la Escuela de La Esperiencia Económica.* El libro está dedicado a San Diego de Alcalá. Aunque se repiten en el mismo recetas andalusíes, la utilización de pescados como el abadejo,

22 Xavier Domingo: *Cuando sólo nos queda la comida.* Edit. Tusquets, Barcelona, 1980.

Lebrija. Lebril.
Diámetro: 40.5 cm.

el condimento de los platos con hinojo o la forma de hacer el requesón ponen en evidencia a nuestro entender que nos hallamos en presencia de la cocina judeo-española.

Juan Altimiras, al hablar de los guisos de pescado, da la receta del abadejo en crudo con aceite, ajos y perejil. También ofrece otro del mismo pescado, elaborado de un pasta hecha con harina y miel. En el adobo para el pescado, aconseja:

"Freirás el pescado sin harina y harás el adobo de este modo: coge hojas de laurel, ajos machacados, vinagre fuerte, tomillo, hinojo, orégano y unos pedacitos de naranja; con todo harás un cocimiento y echarás el pescado frito en él; y si no tuviere bastante sal se le pondrá a proporción".

Albox. Lebrillo.
Diámetro: 38 cm.

Además de platos de arroz con leche de almendra y los diversos almendrados –que también aparecen en Ruperto de Nola y en Francisco Martínez Montiño–, Juan Altimiras ofrece una peculiar forma de elaborar los requesones en que se manifiesta claramente el origen judío de este autor gastronómico español. A continuación transcribimos su receta:

"Modo de hacer requesones:

"Pondrás la leche en una olla nueva[23] no empleada en otra cosa: desatarás un poco de cuajo à proporción de la leche: pondrás al fuego, y como se vaya cuajando lo irás sacando con una espumadera bien limpia: lo echarás en una cestilla para que se escurra; y cuando lo hubieres de servir e un poco antes pondrás sobre el requesón una espumadera clara apretándola un poco, y lo que saliere por los agujeros será como piñones, etc."

---

[23] Nota del autor: Esta precaución de utilizar "olla nueva" hay que entenderla en relación con la prohibición bíblica de cocer el cabrito en la leche de su madre (Deut. 14, 21). Esa precaución de carácter religioso motivará en la cocina judía la utilización de utensilios y recipientes separados y de cubiertos especiales para las dos clases de alimentos.

En la dulcería española es frecuente encontrarse en la duda de si nos hallamos ante un determinado postre dulce de origen árabe o judío. A veces el dilema es insoluble, pues el uso de la almendra, la miel o la canela, tan frecuente en la gastronomía de la Península y de indudable raigambre árabe, en algunas ocasiones apunta indeleblemente hacia otros orígenes.

La pasta de almendra es un descubrimiento de los confiteros helenos, cuyas tartas se consideraban ya en tiempos de Pericles (493-429 a. C.) como cosa exquisita. De especial fama gozaban las golosinas que se preparaban en la isla de Samos[24]. Las tortas de almendras se convertirían más tarde en el turrón, cuya base fue siempre la mezcla de almendra y miel. El descubrimiento del azúcar en el siglo XII dará lugar más tarde a las pastas almendradas.

El mazapán es otro de los misterios culinarios, cuya atribución árabe se ha leído en algunos autores. Hace años, en Toledo, oí en una sobremesa y en boca de un prohombre de la ciudad otra versión distinta: el descubrimiento o invención del turrón habría sido obra de la casualidad y de la diligencia de unas monjitas, quienes, con ocasión de un cerco de la ciudad por los árabes, habrían mezclado para alimentar a los habitantes de Toledo y a los defensores de la ciudad los dos últimos víveres que quedaban en el almacén: unos sacos de azúcar y de almendras.

Dícese que en Sicilia se fabricó azúcar en el siglo XII, denominándosele "sal india". Sería aquí, en Sicilia, donde aparecería por vez primera el mazapán. El origen siciliano o chipriota de esto es indudable. No obstante, también ha surgido sobre éste una hipótesis árabe: Simonet afirma que en el cordobés Abencuzman (mediados del siglo XII) aparece el término de "mahsaban" como nombre del citado verso que se traduciría como: "¡Cuán grato es el delicado mazapán!"

Arte islámico de Al-Andalus.

Aparte de la versión siciliana de que la palabra "mazapane" habría venido de "marzo pane", pan

24 Harry Schraemli: *Historia de la gastronomía*. Edit. Ariel, Barcelona, 1952-1982.

Granada. Tazón.
Diámetro: 26 cm.

de marzo, pan de los mejores augurios a la primavera y a la nueva vida, históricamente se sabe que la palabra mazapán se empleó primero para referirse a la cajita de madera o estuche en que se exportaba el mazapán desde Sicilia o Chipre. Después se aludió con este término al dulce mismo y más tarde pasó a designar una medida o el impuesto que se pagaba, según afirma A. Kluyver, investigador del término mazapán. Existió incluso una moneda llamada "matapán", empleada por los venecianos en sus relaciones con Oriente en el siglo XII y que equivaldría a un décimo de lira.

Existe, sin embargo, una relación del mazapán con la gastronomía tradicional judía y que sólo conjeturo aquí sin tener ninguna certeza al respecto. Me refiero a las figuras de azúcar que las comunidades judías elaboran con ocasión del Purím para festejar la caída del todopoderoso Ministro Amán y la victoria de Mardoqueo, hermano de Esther. Es curioso que este tipo de figuras se dé con frecuencia en el mazapán de la región de Toledo y en otros puntos de la geografía española. ¿Pura coincidencia, sin relación alguna? Es posible que así sea.

A continuación, nos vamos a referir a distintos platos de la cocina clásica española que, a nuestro entender y sin afirmaciones categóricas al respecto, ya que se trata de una materia donde, salvo algunos manuscritos parcos en las atribuciones de origen, son posibles todos los errores, podrían proceder de la cocina árabe o judía. A falta de documentación o referencias bibliográficas fiables hay optar por la vía de la crítica lexicográfica y el recurso a los diversos diccionarios que el investigador tiene a su alcance.

El primero de los platos antecedentes es el MORTERUELO que, junto con el ALMODROTE, el *Diccionario Crítico-Etimológico* de Corominas describe como: "Salsa compuesta de aceite, ajos, queso y otros ingredientes, palabra mozárabe quizá resultante de una alteración del latín "moretum", id. por cruce con el árabe

Bujalance. Botija de campo. Alt.: 24 cm.

Arte islámico de Al-Andalus.

"madous", machacado, desmenuzado; pero más bien parece ser un mozarabismo: "motról", "motród", equivalente del sinónimo castellano "morteruelo". Los glosarios de 1400 traducen "aletilium", en el que Castro vio con razón una corrupción de "allium et oleum", en castellano "ajiaceite", en catalán "alli-oli". Nebrija: "Almodrote de ajos e queso: moretum". Covarrubias a la definición anteriormente citada agrega: "para majar el almodrote bien, y mezclar todo lo que lleva, se va despegando y rayendo de las paredes del mortero, y juntándose en el hondo para poderse machacar". Los testimonios de autores aducidos por el *Diccionario Histórico* concuerdan con estos datos semánticos. Por otra parte, existió en catalán antiguo "almadroc", potaje en el que entraban ajo y queso, ya documentado por dos textos del siglo XV (Alcover) y debe tenerse en cuenta la variante oída por Alcalá Venceslada en Huelva: "almorraque", manjar compuesto de aceite, vinagre, sal y cebolletas, pimientos y tomates picados.

En el *Diccionario de uso del español* de María Moliner se define un tipo de morteruelo que se define como "guiso que se hace con hígado de cerdo machacado y mezclado con especias y pan rallado".

El MORTERUELO y el ALMODROTE han llegado hasta la cocina hispano-judía actual y las cocinas de diversas regiones españolas y no sólo con su misma técnica culinaria sino con el propio nombre de la cocina clásica española.

La MORAGA O MAURAGA es otro plato de nuestra cocina tradicional e histórica cuyo nombre procede del árabe "múhraqa", holocausto, combustión, derivado de la raíz "haraq", quemar.

En la edición del *Diccionario de la Real Academia* de 1884 se agrega "morago" como sinónimo de "muraga" en la acción definida y además como provincialismo andaluz, "acto de asar al aire libre, generalmente a la orilla del mar, sardinas y otros peces menudos...; además, en la misma edición se da los nombres de "mauraca" o "moraga", también andaluces, al acto de asar castañas, bellotas o mazorcas de maíz, en el campo y al aire libre.

Arte islámico de Al-Andalus.

Otro plato histórico o clásico de la cocina española es el MANJAR BLANCO, cuyo origen, indudablemente árabe, ha suscitado diversas hipótesis que le atribuyen un origen francés. A. Castro, en la *Revista de Filología Española*, VIII, (1921) afirma: "Es una importación francesa; es el 'blanc-manger', fr. ant. 'blanc-mangier'. Este plato hacía las delicias de Sancho Panza (*Quijote,* II, LXII). Es descrito por Covarrubias como "compuesto de leche, azúcar y pechugas de gallina" y lo da "como plato de españoles". En catalán "menjar blanc" ya se documenta hacia 1460. En el *Spill* de J. Roig, v. 10123, se dice que está compuesto del árabe "nagira" y "mangar".

El "manjar blanco", al igual que el "manjar imperial" y el "manjar de los ángeles" –además de otros guisos similares– aparecen ya en el *Libro de guisados, manjares y potajes* del Maese Ruperto de Nola, en el siglo XVI. También lo recoge Francisco Martínez Montiño en su *Arte de cocina, pastelería, vizcochería y conservería*, en el siglo XVII. Igualmente, en las anotaciones sobre cocina de Leonardo da Vinci, reunidas en el *Codex Romanoff*, aunque con el nombre de "pudín blanco" también viene este plato español, aunque sin azúcar ni arroz.

El "manjar blanco" parece ser un plato andalusí que constaría de leche, miel, arroz y carne de gallina. La miel sería sustituida por el azúcar a partir del siglo XII. Fue un plato de gran éxito que pasó rápidamente a Francia e Italia, quizás por los oficios de los cocineros que acompañaban a los nobles y generales españoles en este siglo de expansión política, militar y cultural de nuestro país en Europa.

Arte islámico de Al-Andalus.

Otro plato de la cocina tradicional española de origen hispanoárabe es el "MOJÍ", que Corominas describe como "una torta cuajada, hecha en cazuela, con queso, pan rallado, berenjenas, miel y otras cosas, del árabe vulgar "muhsi", relleno, "alfajor", participio de "ahsa", rellenar (árabe clásico "hasa"). Oudin da "moxi": 'une sorte de tourte à la morisque'. Covarrubias afirma: "cierto género de cazuela quajada que usavan los moros". Hay variantes: "mojina" (Acad.) y "mojil", empleada en Murcia. Este plato, como tendremos ocasión de ver al hablar de la evolución y permanencia de la cocina hispanoárabe e hispano-judía en la cocina española actual, existe en nuestra gastronomía.

Úbeda. Cántaro. Alt.: 49 cm.

La ALMOJÁBANA que el Diccionario define como 'torta de queso y harina', 'especie de buñuelo", del hispanoárabe "mugabbana", 'torta o buñuelo de queso', derivado del árabe "gubn", queso, es uno de los platos de la cocina hispanoárabe que ha llegado hasta nuestro tiempo. Ruperto de Nola las recoge como "toronjas de Xátiva que son almojávanas" y el propio Francisco Martínez Montiño nos da sus propias recetas de la "almojábana".

La HILADEA o GELATINA procede del árabe "yeld", hielo. En español aparece tanto en Berceo como en el Conde Lucanor como "gielo" y "jelo". Puede que el árabe lo tomara del latín, pues en itálico aparece "gelu" y "gelare". En 1525, Ruperto de Nola da una magistral receta para hacer gelatina cociendo manos de ternera y carnero en agua, vino oloroso, jengibre, flor de macís y azafrán.

La JALEA, del árabe "hall", la define nuestro *Diccionario de Autoridades* como "conserva del zumo o liquor del membrillo", o de otras frutas, que traban y congelan de modo que quede transparente y como helada, viene del latín "gelum", que significa hielo. Este plato, aunque consta en los recetarios de Ruperto de Nola y Martínez Montiño, no puede aseverarse que sea hispanoárabe, aunque esta cocina contiene múltiples recetas de "hali" o jalea, tanto de carnes como de frutas.

El plato tradicional de diversas regiones españolas y denominado PISTO no es árabe sino mozárabe, aunque algunos autores le hayan atribuido su origen en la cocina hispanoárabe o en la hispano-judía. Es un plato del sur de España, aunque el término mozárabe que lo designa aparece también en Portugal como ALPISTO, correspondiendo éste, no al guisado español de verduras, sino a un caldo sustancioso de diversos componentes. Este plato portugués también aparece en la cocina castellana bajo el nombre de ALPISTE.

De la cocina hispanoárabe pasó a la cocina histórica española el ALMORI o ALMURI que en el *Diccionario de Autoridades* se define como "cierta composición que se hacía de harina, sal, miel, palmitos y otras cosas, de la cual se hacían tortas delgadas y cocidas en el horno: era comida estimada y medicinal". Este plato debió desaparecer de la cocina española a finales del siglo XVIII.

En el recetario hispanoárabe vimos que existió una forma de preparar el pescado, limpio y cortado en trozos adicionándole un relleno de pan candeal migado, nueces y almendras machacadas y especias disueltas en agua de rosas. Se le cubría con una torta fina de harina, doblando los bordes en el interior de la fuente en que se llevaba al horno. Esto es, sin duda alguna, el principio de las clásicas EMPANADAS de la cocina española, de pescado o de carne. Desde la época árabe estas empanadas aparecen incesantemente en los relatos gastronómicos. Baste recordar las alusiones en *La Lozana Andaluza* o el relato de las fiestas dadas a Felipe IV por el Duque de Medina Sidonia en el bosque de Doña Ana, donde se acopiaron entre otras cosas, 4.000 cargas de leña, 4.000 arrobas de carbón, 1.400 barriles de pescado en escabeche, 700 fanegas de harina,

Úbeda. "Zaida". Alt.: 29 cm.

1.400 pastelones de lamprea, es decir, empanadas de pescado, etc. Buena parte de los cocineros del Duque de Medina Sidonia eran moriscos.

El plato llamado JUSELLO, al igual que su variante, el ALIDEME, lo define el *Diccionario de Autoridades* como "potaje de caldo de carne, con perejil majado y desleído con caldo, queso rallado, huevos, salsa fina, todo batido y hervido, y con hojas de perejil por encima, puesto y servido en escudillas". El ALIDEME era un mero caldo de cebolla, perejil, hierbabuena y mejorana –sin queso, como es el caso del jusello– en el que las yemas de huevo se batían con las bayas agrias llamadas agraz o con vinagre blanco, dejando templar el caldo y desliendo las yemas de huevo poco a poco en el caldo reservado. Ambos caldos parecen tener un origen hispanoárabe, pese a la similitud del alideme con la salsa agria o agristada de la cocina judeo-española. Ambos caldos –y especialmente el alideme– derivarán en la cocina española en general y en la andaluza especialmente en el llamado GAZPACHUELO.

El plato llamado MIRRAUSTE lo define nuestro *Diccionario de Autoridades* como "salsa de almendras tostadas y majadas con un migajón de pan, caldo y cantidad de canela, que todo espesado se pone a cocer con palominos ya medio asados, y hechos pequeños pedazos, y se echa cantidad de azúcar y algo de canela". La primera documentación de este plato arranca del libro de Maese Ruperto de Nola, pero éste en 1525 recogía, sin duda alguna, una tradición culinaria anterior andalusí. Por otra parte, el nombre le viene de una mala traducción del catalán, ya que como hemos dicho, la primera versión del "Libro de Guisados, manjares y potajes" fue en lengua catalana, donde figura "mig-raust", medio rustido, de donde vino mirrauste. Este plato, por su situación en el recetario de Ruperto de Nola (inmediatamente antes del "manjar blanco") hay que considerarlo muy cercano a éste, con el único cambio del tipo de carne

–palominos en vez de gallina– y procede apuntar que es el antecedente de la "bastela" marroquí. En efecto, con la incorporación de la maravillosa pasta "warqa" –un hojaldre extraordinariamente fino– y ligeras variantes tiene la misma composición que la citada "bastela", del que es morisco incluso su denominación, pastel.

El plato andalusí llamado "fot-ta", desmenuzado, picado, dio en la cocina española el llamado potaje JOTA, que Ruperto de Nola recoge en su libro como "un picado muy menudo de bledas y borrajas, con sus correspondientes especias. El plato básico de verduras, en el siglo XVI, se reservaba para comerlo solo o en la forma que ahora denominaríamos "al ajo arriero". Se trata éste de un plato ya desaparecido de la cocina española, salvo en algunos medios rurales.

El TRIGO COCIDO O GUISADO es un plato tradicional de la cocina española, al que atribuimos un origen remoto hispano-judío. En efecto, en la gastronomía ritual hebrea se hace un ragout compuesto de carne cocida con trigo descascarillado y puesto en remojo. Se le prepara el viernes para comerlo templado en el horno el sábado: es el "hamín" o "jamín". En la gastronomía hispanoárabe existía también un guiso de trigo bajo el nombre de "harísa". Ruperto de Nola nos transmite una receta de trigo cocido o guisado, en la que el trigo, una vez descascarillado y cocido, se dejaba veinticuatro horas hasta echarle leche de almendras, azúcar y canela antes de ser servido. El carácter hispanoárabe de esta receta es indudable. El potaje de trigo guisado, que se prepara todavía en Andalucía y Murcia lleva carne de vacuno y –detalle importante– una hierba aromática utilizada frecuentemente en la cocina hispano-judía: el hinojo.

Se hace preciso una referencia en este nuestro recorrido por la, cocina clásica española de origen árabe o judío a los dulces y entre ellos a los ALFAJORES. El término "alfajor" suscita para quien conoce la lengua árabe alguna duda de principio, ¿procede de la raíz "fahara", con el significado de "excelencia", cosa importante, o de "fah-hara" por su forma cilíndrica, similar al utensilio fabricado por los alfareros? Pronto, sin embargo, se llega a la etimología correcta: procede de la raíz "hasú", relleno, con el mismo sentido que otro término con que se designa otro dulce también de origen árabe: el alajú.

Don Mariano Pardo de Figueroa, el gran gastrónomo del siglo XIX que utilizaba el seudónimo de "El Doctor Thebussem", en un pequeño libro publicado en Madrid el año 1882, nos da una receta de lo que él llama "alfaxor" de primera calidad, receta que toma a su vez de un manuscrito no publicado titulado *Recetario práctico de guisados y dulces, Medina Sidonia, año 1786.*[25]

El Doctor Thebussem, por cierto, llama al "alfaxor" precisamente "alajú":

"Tal es –afirma el Doctor Thebussem– el clásico "bollo de alfajor" de Medina Sidonia, conservado en toda la pureza de su abolengo árabe, y hermano carnal del que hoy se fabrica en Mazagán, Fez y otros puntos de África".

Las referencias históricas de este dulce se remontan al siglo XV. El propio autor que citamos afirma:

"Don Enrique de Guzmán, segundo Duque de Medina Sidonia, pide en 2 de julio de 1487, a concejo, alcaldes y regidores de dicha población, que envíen al real de Málaga cincuenta vacas, carneros "e proveimiento de alajú desa mi cibdad".

Este dulce y otros de la cocina regional española –de origen árabe o judío– daría de sí para más de una monografía, demostrando que, en los siglos XV, XVI y XVII, el arte culinario de la sociedad española

---

[25] Mariano Pardo de Figueroa "El Doctor Thebussem": *Los alfajores de Medina Sidonia*, Madrid, 1882. Receta de los alfajores: un azumbre de miel blanca; tres medios de avellanas y una libra de almendras, todo ello tostado y tronzado; onza y media de canela en polvo; dos onzas de matalahúva, cuatro adarmes de clavo y otros; cuatro de cilantro, todo tostado y molido; una libra de ajonjolí tostado; ocho libras de polvo de moler, sacado de rosquillas de pan sin sal ni levadura, muy cocidos en el horno. Se hace el almíbar, agregando después la miel y demás componentes. Se hacen los dulces que se cubren de azúcar fina y un poco de canela. El secreto está en el punto de miel".

mostraba un sincretismo extremo y que la gastronomía medieval española: cristiana, árabe o judía, había sido asimilada por la sociedad del Renacimiento, donde los cocineros son frecuentemente mudéjares o judíos conversos.

Nada más ilustrador respecto al extremo que comentamos que el ejemplo de escritura otorgada en Medina Sidonia el 9 de febrero de 1582 por la que Simón de Cote vende a Sebastián Sánchez de Cuéllar, vecino de Jerez de la Frontera, "una esclava prieta, nombrada Catalina, de veinte años de edad, poco más o menos. Advierte el vendedor que no se verifica el contrato como el de bestia en feria o quesos en costal: asegura, por el contrario, que Catalina no es borracha, ni huidora, ni padece gota coral, ni mal de corazón, ni otra enfermedad, ni está endemoniada". Agrega el contrato: "es guisandera de habilidad de muchas cosas y en especial de fruta de sartén, de huevos mexidos, y de alfajor al uso de acá".

Como se ve por las anteriores líneas, la tal Catalina era morisca (curioso es que se enumeren casi literalmente las prescripciones de la ley islámica sobre las causas de evicción en la venta de esclavos) y, sobre todo, para los propósitos de este capítulo sobre las huellas de la cocina árabe y judía en la cocina española, se citan la fruta de sartén, es decir, los dulces diversos, generalmente fritos; los huevos "mexidos" (de "mehsi", relleno) y los propios alfajores. Tales recetas se transmitían –advierte el Doctor Thebussem– por tradición familiar.

El TURRÓN es un dulce clásico de la cocina española que suscita dudas respecto a su origen. En efecto, un dulce de estas características, con diversas variantes, se da en casi toda la gastronomía mediterránea. No obstante, y sin hacer afirmación alguna, sólo como mera hipótesis, llama nuestra atención un dulce hispano-judío que bien pudiera ser una variedad más de nuestro propio turrón: nos referimos a la llamada KOPÉTA de los sefardíes, dulce elaborado con almendras o nueces, azúcar, miel, canela, etc. y consumido con ocasión de la fiesta del Purím. Como antecedente del turrón, en Ruperto de Nola encontramos una receta que se le aproxima[26].

A partir de los platos de la cocina clásica enumerados, y de otros muchos que pudieran ser incluidos, se pueden establecer conexiones de las diferentes artes culinarias regionales de España con sus raíces árabes o judías, sin olvidar otras vinculaciones con el mundo griego, romano o germánico que no son difíciles de detectar en nuestra gastronomía. En ocasiones, la tarea se ve facilitada por haberse conservado incluso el término medieval o renacentista del plato objeto de nuestro interés o estudio.

Es tarea difícil descubrir las cocinas hispanoárabe o hispano-judía a través de los distintos platos de la cocina regional española. En determinados casos esta tarea se ve facilitada por haber conservado el plato su propio nombre. En ocasiones un mismo plato, de idéntico origen, registra diversas variantes: gachas con matalahúva, leche o azúcar en Cádiz; con leche, matalahúva y miel en Jaén; con harina de almortas, pimentón y costrones de pan frito en Cuenca. Las boronías son distintas en Cádiz o en Jaén –donde de momento conserva el artículo árabe– y se la llama "alboronía"... Este plato, sin embargo, en el recetario admitía sabores extraños a nuestro paladar: carne de cordero, variadas hierbas aromáticas y hojas de toronja.

Níjar. Mortero. Alt.: 11 cm.

Las acedías en sobreúsa, plato muy sevillano, tiene un peculiar carácter judío. Los sefardíes, en efecto, tienen tanto en el Norte de África como en Oriente Medio un plato muy similar, en el que el pescado, una vez frito, es estofado ("abafado" dirían los judeo-espa-

26 Maese Ruperto de Nola: *Libro de guisados, manjares y potajes*: "Tomar el almidón que sea fresco y limpio y blanco; y para seis escudillas tomar una libra de almidón y una libra de azúcar y una libra de agua rosada; y después echar el almidón en una olla que sea bien estañada; y media onza de canela entera con ello y después echarle la agua rosada; y dejarlo remojar en aquella agua; y después majar aquellas almendras mondadas, etc."

ñoles) en una mezcla de pimientos secos remojados, pimienta y sal, miga de pan y agua.

El pastel de pichones, con naturales cambios propios de la evolución que trae el tiempo, conserva todavía huellas del mirrauste hispanoárabe, cuya receta nos da Ruperto de Nola.

Los pollos rellenos andaluces, donde se introducen diversas carnes, menudos y huevos cocidos, para guisarlos finalmente con manteca, laurel, pimienta, canela, etc., nos dejan añoranza por los guisados de aves andalusíes, de los que se dan varias recetas en la relación de platos hispanoárabes.

El gazpachuelo –como ya dijimos en su lugar– es una simplificación (de aquí vendría su terminación diminutiva) de los caldos incluidos por Ruperto de Nola en el "jusello" y "alideme", respectivamente. No nos pronunciamos, sin embargo, sobre si estos caldos son de origen hispanoárabe o si el cocinero del Rey de Nápoles los toma de la cocina italiana, y ésta de la griega.

El potaje de habas secas de Granada es, sin duda alguna, un plato hispano-judío en el que el tipo de carnes que entran en el guiso ha variado por obvias razones religiosas (suponemos que en la Granada nazarí sería carne de vacuno o cordero la que se utilizarían) Es un plato tradicional de la cocina hebrea. Se consumía en las fiestas familiares con ocasión de un nacimiento, participando en el mismo amigos y vecinos, pues se consideraba de buen augurio. El que, como en el "potaje de San Antón", con habas secas y productos de cerdo o carne de éste, quizá en un momento pudo ser una forma de encubrir cristianos nuevos al par que se cumplía con una tradición familiar.

Alhabia. Mortero.
Alt.: 12,5 cm.

La "olla de trigo" de Almería, al igual que su homónimo de Granada o Murcia, es una reaparición a través de los siglos del "hamín" judío, plato ritual que se conservó en el Sur y Sudeste de España, donde eran abundantes las comunidades hebreas antes de su salida de España.

Las sardinas en moraga –la "múhraqa" árabe– ha dejado de ser un guiso al aire libre para hacerse en cazuela de barro con zumo de limón, ajo, perejil, vino blanco y aceite. Existe una variedad de moraga, con pescado frito aparte, sin harinar, aderezándolo después con limón, cáscara de naranja, perejil, ajo, etc., que es hispano-judía.

Es en los dulces, como afirma alguna autora[27], donde las huellas árabes aparecen a través de la almendra y la canela, el comino y el ajonjolí. Las yemas de San Leandro, del siglo XIII, tienen perfumes medievales; los polvorones sevillanos; las tortas de polvorones, con ralladuras de limón, azúcar, almendras tostadas y huevos; los hornazos de Pascua con casi los mismos componentes y levadura; los pastelillos de crema; las tortas de almendra, etc. dicen por sí solos de su ascendencia hispanoárabe e hispano-judía en algunos casos.

Las llamadas "frutas de sartén" en nuestra cocina clásica tienen en Andalucía su más alta expresión en las "Rosas" de Huelva, los gañotes de huevo de Cádiz, los borrachuelos de Málaga y otras múltiples variedades del arte culinario hispanoárabe que se prolongan al otro lado del Estrecho de Gibraltar, en el Norte de África.

Jimena de la Frontera. Media tinaja. Alt.: 34 cm.

Hay un aspecto de la cocina andaluza en el que la influencia árabe y judía es evidente: el pescado o carne adobados. Es la región en que más aparece este tipo de fritura o guiso y de ello tenemos dos testimonios históricos: el primero, en el *Arte Cisoria*, Don Enrique de Villena afirma: "Entre moros non han uso de grandes cuchillos por que comen la vianda menuda e adobada e apartada de

[27] Flor Díaz Viñas: *La España dulce*. Edit. Ciclo Editorial, Madrid, 1989, pág. 20: "Andalucía es una de las regiones españolas de más rica tradición repostera. Perfuma sus dulces sin miedo, con canela, con clavo, con azafrán, con cilantro, con ajonjolí, con matalahúva. Posee una variedad exquisita de dulces conventuales, cuya tradición se remonta a varios siglos." "Se dice que la tradición repostera andaluza es de base semita –árabe y judía– y de consolidación cristiana."

los huesos...” Segundo: Juan Altimiras, en su libro titulado *Nuevo Arte de Cocina*, del siglo XVIII, nos da incluso una receta de adobo de pescado que podría suscribir hoy día cualquier establecimiento de fritura de pescado en Cádiz, Sevilla, Málaga o Huelva. La receta es como sigue:

“Adobo para pescado: Freirás el pescado sin harina, y harás el adobo de este modo: coge hojas de laurel, ajos machacados, vinagre fuerte, tomillo, hinojo, orégano y unos pedacitos de naranja; con todo harás un cocimiento y echarás el pescado frito en él; y si no tuviere bastante sal se le pondrá à proporción”.

Constituye un esfuerzo inútil para cualquier investigador tratar de hallar huellas de la gastronomía árabe o judía en la cocina cantábrica, en Galicia o en el País Vasco[28].

La cocina insular española –balear o canaria– conserva, sin duda alguna, la huella de la dominación islámica la primera a través de las sopas, la tortilla de sardinas –una peculiar “múhraqa” árabe– o las tortas rellenas de queso fresco con azúcar y hojas de hierbabuena. En el caso de las Islas Afortunadas, son evidentes en su cocina la huella de la vecina África y la vinculación secular con América. Faltan, sin embargo, estudios minuciosos sobre la gastronomía de Canarias y Baleares.

Cerámica de Talavera. Plato. Siglo XVI.

Extremadura y la Meseta Central poseen desde el punto de vista culinario características muy similares, como veremos a continuación. En la amplia región citada existe un plato muy característico, árabe y judío al propio tiempo: el morteruelo o almodrote, que reviste distintas formas, pero en esencia es el mismo: caldereta si es de cordero, gazpacho si es de conejo ex-

28 José Mª Centeno y Francisco Zarza: *Cocina regional*. Edit. Cantábrica, Bilbao, 1979, pág. 34: “Las huellas romanas escasean en estas tierras bravas y tampoco los pueblos árabes pudieron establecer en ellas su dominio... Esta cocina, que desconocía el ajo y el aceite, es realmente la cocina autóctona de España, que al mezclarse, en mayor o menor grado, con las cocinas invasoras, primero con la que trajeron las legiones romanas, y más tarde, con la cocina oriental traída por el Islam, fue dando origen a las diversas cocinas de España”.

tremeño o gazpachos manchegos, de diversas carnes. Todos son morteruelos, aunque en ocasiones la carne vaya sólo frita o sea cocida previamente y con trozos de torta u oblea, como en el gazpacho de conejo extremeño. Es el almodrote o su versión castellana de morteruelo, cuya técnica y receta de elaboración nos da Ruperto de Nola y que, en la evolución del plato, perdió uno de sus elementos: el queso rallado. A nuestro entender, tanto por sus elementos como por su elaboración y especias, el morteruelo más aproximado a lo que debió ser el morteruelo o almodrote hispanoárabe es el que se hace en Cuenca y cuya receta ofrecemos en nota a pie[29].

Las migas, ya sean de harina o de pan, propias de Extremadura, la Meseta Central y otros puntos del sudeste español, parecen derivar de los platos farináceos hispanoárabes, como transformación de un tipo de gachas no azucaradas, pero, como en el caso del pisto, más hay que inclinarse por la influencia amerindia en este capítulo importante de la gastronomía española.

Plato tricolor. Finales del siglo XVI. Cerámica de Talavera.

La dulcería de Extremadura y la Meseta Central es donde se manifiesta más acentuadamente quizás que en ninguna otra región de España la impronta gastronómica hispanoárabe: las roscas de candelilla, los fritos borrachos, las flores, los buñuelos de viento, las almendras de Alcalá, el alajú de Cuenca, el mazapán de Toledo, todos ellos en su diversidad de origen y carácter, dosifican el sabor de la canela, el ajonjolí, el limón o el azúcar en diversos grados hasta alcanzar una perfección inimaginable. En ocasiones, la dife-

29 Morteruelo de Cuenca: Medios o cuartos de kilogramo de carne de liebre, conejo, pollo o gallina, ave, diversas. Medio kilogramo de hígado de cerdo; tocino magro; 250 gr. de pan rallado; abundante aceite; sal; pimienta; pimentón; clavo; canela abundante; alcaravea. Se cuecen durante varias horas (dos o tres) las diferentes carnes hasta que estén tiernas. Se separan los huesos y pellejos. Se trocea la carne menuda. Se reserva el caldo de cocción. Se dispone una sartén grande con aceite y se echan rápidamente el pimentón y las especias (que no deben freír más que unos segundos) agregando enseguida el caldo. Cuando hierva éste unos minutos, se echan las carnes que picamos previamente, debiendo cocer media hora a fuego lento.

rencia entre estos dulces es el sabor a limón de unos y el de naranja de otros, por ejemplo, caso de los alfajores de uno u otro lugar, pero la elaboración y componentes son siempre los mismos.

Aragón, la propia Cataluña, Levante o Murcia presentan una gastronomía variadísima, donde los platos cuyas raíces se hunden claramente en nuestra cocina clásica se confunden con aquellos otros de carácter mediterráneo.

La Rambla. Tinaja.
Alt.: 57 cm.



# Algunas recetas de origen o nombre árabe o judío en la cocina española actual

Como se advertía en el capítulo anterior, el origen árabe o judío de algunos platos de la gastronomía española clásica es evidente desde el punto de vista histórico e incluso culinario. En otros casos no resulta tan claro atribuir dicho origen a determinados guisos o dulces de la gastronomía regional española. El criterio de los elementos integrantes del plato o guiso no es absoluto: en ocasiones, por razones de evolución de las costumbres y de las propias conversiones de la población, los componentes han cambiado. Por ejemplo, el potaje de San Antón, de habas secas y productos del cerdo, es originalmente un plato tradicional hebreo. Los productos del cerdo vinieron después.

Los criterios de identificación culinaria de platos o guisos son muy complejos: componentes; elementos neutros entre sí, caso de la cocina judeoespañola; la geografía demográfica de las zonas mudéjares o judaicas, etc.

Todos estos datos y un sexto sentido para identificar una u otra gastronomía es lo único que puede orientarnos. Los errores son posibles, pues no es ciencia exacta, pero el intento vale la pena.

Entre las recetas hay algunas que sólo el término utilizado es árabe o judío. Se incluyen estas recetas –y otras muchas que se omitieron en aras de la brevedad– para subrayar el subconsciente de atracción o rechazo que existe siempre en el alma española hacia cuanto se relaciona con este pasado de nuestra Historia.

# Recetas de origen o nombre hispanoárabe

## GRUPO DE FARINÁCEAS

### Poleas sevillanas

**Ingredientes**

1 kg. de harina.
1 litro de agua.
1 taza de leche.
6 cucharadas de aceite.
1 cucharada de matalahúva.
Sal y azúcar moderadamente.

**Preparación**

Se pone el aceite en la sartén y se fríen costrones de pan que se reservan. En el aceite frito, se echa la matalahúva y se añade el agua. Una vez que hierva ésta, se espolvorea la harina al tiempo que se mueve con una cuchara de palo para evitar los grumos. Una vez cocida la polea, se espolvorea con azúcar, se le echa la taza de leche y se adorna con los costrones de pan frito que habíamos reservado.

### Gachas de la provincia de Murcia

**Ingredientes**

8 cucharadas de harina.
2 cucharaditas de pimentón.
1 dl. de aceite.
2 clavos.
½ cucharadita de alcaravea.

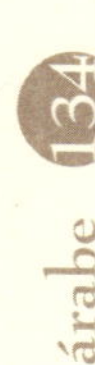

Pimienta en grano.
Sal.

**Preparación**

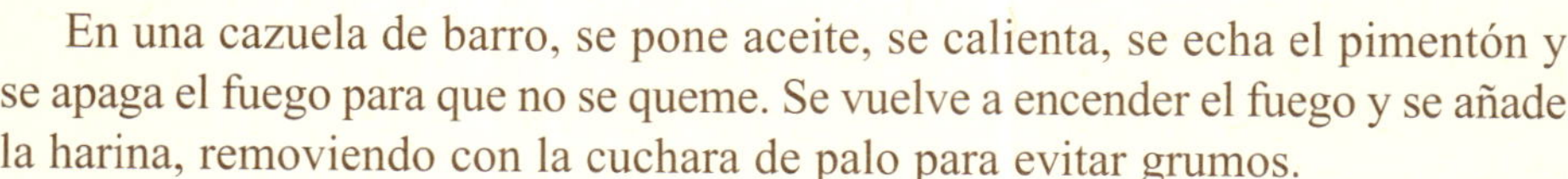

En una cazuela de barro, se pone aceite, se calienta, se echa el pimentón y se apaga el fuego para que no se queme. Se vuelve a encender el fuego y se añade la harina, removiendo con la cuchara de palo para evitar grumos.

Cuando se haya dorado la harina, se vierte agua caliente hasta obtener una pasta espesa.

Se sazona con sal y pimienta, se echan los clavos y la punta de una cucharadita de alcaravea y se machacan.

Se deja hervir durante unos quince minutos, removiendo para que no se queme.

## Gachas de Huelva

**Ingredientes**

½ kg. de harina candeal.
½ litro de agua, leche, sal y azúcar.
6 cucharadas de aceite.
½ cucharadita de matalahúva.

**Preparación**

Se utiliza aceite previamente frito. Se echa la harina e inmediatamente después la sal y la matalahúva. Se remueve vigorosamente para evitar grumos con una cuchara de palo mientras comience a hervir el agua que iremos añadiendo poco a poco. Ya en la mesa, se espolvorea con azúcar glasé y se le pone leche tibia.

## Gachas manchegas

**Ingredientes**

10 o 12 cucharadas de aceite frito.
250 gramos de harina de almortas.
Pimentón, clavo y alcaravea.
Sal y pimienta a gusto.
(En este plato se utilizan productos de cerdo en la actualidad. Es de suponer que en su antecedente árabe se utilizara carne de carnero o cordero).

### Preparación

Se pone el aceite en una cazuela y una vez caliente, se fríe en el mismo la carne (o, en la actualidad, los productos del cerdo). Se retira la carne, se pone el pimentón, la alcaravea y el clavo para que se fría un poco y seguidamente vamos echando poco a poco la harina para que se dore en el aceite y grasa de la carne. Se le vierte el agua y se deja cocer el conjunto, al que se habrá incorporado la carne, a fuego lento hasta que se haga. Se rectifica de sal.

## Migas de la provincia de Huelva

### Ingredientes

1 pan del día anterior.
½ litro de leche.
½ litro de agua.
½ cucharadita de matalahúva.
10 o 12 cucharadas de aceite.
Carne de carnero o cordero (en la actualidad, productos de cerdo).
Pimiento molido.

### Preparación

Se corta el pan en pequeñas rebanadas, se humedece un poco y se espolvorea con pimiento molido. Se pone en una sartén grande el aceite y se fríen en él los trozos de carne. Se reservan éstos y se echan las migas con el agua y la leche. Se deja que rehoguen, moviéndolas con una paleta o cuchara de palo. Una vez cocidas y evitando que se tuesten demasiado, se retiran y echan por encima los trozos de carne.

## Migas de la provincia de Córdoba

### Ingredientes

1 pan de harina candeal del día anterior.
½ litro de leche.
¼ litro de aceite.
12 ajos.
5 cucharadas de agua con sal.

### Preparación

Se corta el pan en pequeñas rebanadas, se humedece con las cucharadas de agua con sal y se cubre con una servilleta el recipiente que contenga dicho pan. Se pone el aceite en una sartén grande y se fríen los ajos (pelados o sin pelar, según gusto de cada cual). Se añade el pan reservado, moviendo con la rasera o cuchara de palo para que no se quemen y queden sueltas. Esta clase de migas y la forma de prepararlas se encuentran en otros lugares de Andalucía y en Extremadura.

# Migas de la provincia de Teruel

### Ingredientes

1 pan grande de harina candeal del día o días anteriores.
200 cl. de aceite de oliva.
6 ajos pelados o sin pelar.
6 cucharadas de agua salada.

### Preparación

Se corta el pan en rebanadas pequeñas o en pequeños cuadraditos. Se humedece con el agua tibia con sal y se envuelven o cubren con un trapo o servilleta. Es preferible hacer esta operación la noche anterior.

Al día siguiente se pone el aceite en una sartén grande, y se fríen los ajos hasta que se doren. Se agrega el pan que hemos humedecido, se fríe éste lentamente al tiempo que movemos con la rasera de metal o cuchara de palo para que queden sueltas y no excesivamente pasadas. Este plato se acompaña con trozos de carne e incluso pescado frito o asado.

# Migas de Extremadura

### Ingredientes

1 pan grande, candeal, del día o días anteriores.
6 cucharadas de aceite.
Unos pimientos rojos.
5 dientes de ajo.
1 trozo de tocino ahumado.

### Preparación

Se corta el pan el día anterior –en pequeñas rebanadas o en trocitos cuadrados regulares–. Se mantiene en un recipiente, una vez regado con agua tibia salada, tapado, durante doce horas.

Se pone el aceite en una sartén grande y se fríen los pimientos rojos en tiras, los ajos y un poco de matalahúva si se desea. Se echa el pan y se rebaja el fuego para que se haga lentamente, se hacen las migas hasta que queden sueltas y no excesivamente doradas.

# GRUPO DE PLATOS DE VERDURAS

## Boronía de la provincia de Cádiz

### Ingredientes

De ½ kg. a ¾ kg. de calabaza amarilla y blanca.
½ kg. de berenjenas.
1 kg. de tomates.
½ kg. de pimientos verdes
½ kg. de pimientos rojos.
2 membrillos.
1 cebolla grande.
Vinagre y sal al gusto.

### Preparación

Se cortan las hortalizas una vez peladas, junto con los membrillos cortados en cascos gruesos y se cuece todo durante unos quince o veinte minutos en agua con sal.

Se pone aceite en un recipiente grande y se refríe la cebolla finamente cortada, así como los pimientos sin semillas y cortados en tiras. Aparte, se pela el tomate, tras cocerlo unos minutos y se corta menudo. Se unen todos los ingredientes en el recipiente en que se ha puesto la verdura y se rehoga a fuego lento poniendo un poco de vinagre. Se cuece otros diez o quince minutos a fuego bajo.

## Alcauciles de la provincia de Cádiz

### Ingredientes

12 alcachofas grandes, limpias de las hojas duras.
15 cucharadas de aceite de oliva.
Limón o vinagre.
Sal, pimienta y ajo picado.

**Preparación**

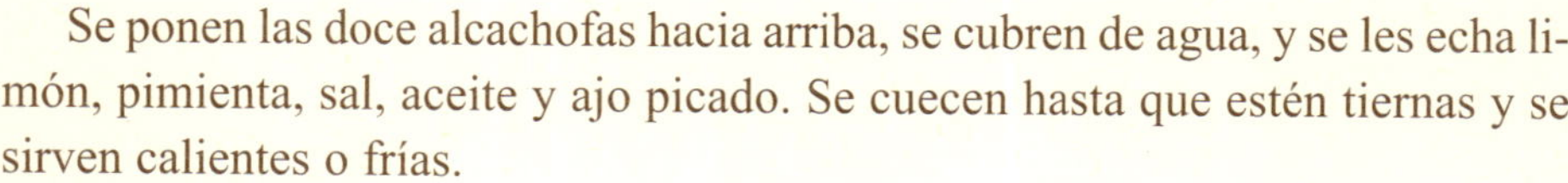

Se ponen las doce alcachofas hacia arriba, se cubren de agua, y se les echa limón, pimienta, sal, aceite y ajo picado. Se cuecen hasta que estén tiernas y se sirven calientes o frías.

# GRUPO DE PLATOS DE SOPA Y HUEVO

## Gazpachuelo

### Ingredientes

½ pan candeal del día anterior
1 huevo.
1½ litro de agua.
1 vaso de aceite.
El zumo de un limón.
Sal.

### Preparación

Se corta el pan en rebanadas y se pone en una cacerola con agua y sal. Cuando comience a hervir, se echa la clara de huevo, se retira en cuanto cuaje y se templa cerca del fuego.

Se bate la yema con el limón, se añade el aceite poco a poco al tiempo que se remueve para evitar que se corte. Ha de lograrse una mayonesa homogénea.

Cuando el caldo se haya templado, se añade la mayonesa y se sirve.

## Sopa de maimones

### Ingredientes

½ pan del día anterior.
6 cucharadas de aceite de oliva.
3 ajos pelados o sin pelar al gusto
½ cucharadita de matalahúva.
1 huevo.
Sal.

**Preparación**

En una sartén se fríe el pan en rebanaditas o en cuadrados. Previamente en el aceite se doran los ajos para que den sabor al pan. Cuando se está friendo el pan, se añade la media cucharadita de anís o matalahúva. Se echa agua caliente. Cuando empiece a hervir, se le bate un huevo y se revuelve con cuchara de palo sin dejar que hierva en exceso para que no se corte el huevo. Se sirve muy caliente.

# GRUPO DE PLATOS DE PESCADO

## Rape mozárabe (Córdoba)

**Ingredientes**

3 kg. de rape.
150 gr. de cebollas.
100 gr. de zanahorias.
25 gr. de pasas.
Coñac, sal y aceite de oliva.

**Preparación**

En una cazuela de barro se rehogan las cebollas y las zanahorias.

Se fríe el rape, previamente enharinado, dándole una vuelta.

Cuando esté dorado, se pone en la cazuela de barro y se añaden las pasas y el coñac. Se cubre con un "fumet" de pescado y se deja cocer quince minutos.

El autor de la receta, un excelente restaurante de Córdoba, aconseja servir en la misma cazuela de barro en que se coció el pescado.

## Escabeche de pescado

**Ingredientes**

1 kg. de pescado
(de cualquier clase, aunque son
preferibles las sardinas).
1 vaso de vinagre.
2 hojas de laurel.
2 cucharadas de tomate frito,
2 cabezas de ajo.

½ cucharadita de pimentón.
Harina, aceite y sal.

### Preparación

Se limpia el pescado, quitándole la cabeza. Se sazona con sal y se enharina. Se fríe en aceite caliente y se coloca en una cazuela de barro.

Se ponen cinco cucharadas de aceite en una sartén. Cuando esté caliente, se echan las cabezas de ajo enteras, el laurel, el sofrito de tomate y el pimentón. Se rehoga todo unos minutos, se retira del fuego y se vierte en el mismo el vaso de vinagre y la misma cantidad de agua. Se pone de nuevo en el fuego y se deja cocer durante cinco minutos. Se vierte sobre el pescado y se deja enfriar.

Se prepara de un día para el otro.

## Espetos

### Ingredientes

Varios kilos de sardinas, según el número de comensales.
Una serie de cañas a las que se les afila uno o los dos extremos.
Sal y limón.

### Preparación

Se hace una hoguera, procurando que sea a lo largo para colocar los espetos de parte a parte por el lado estrecho. Se lavan las sardinas en agua del mar y se van clavando por el extremo afilado y por la parte firme del lomo. Se asan en las brasas, cuando haya desaparecido el humo y se añade al final un poco de sal y limón al gusto.

## Moraga

### Ingredientes

1 kg. de sardinas frescas.
1 vaso pequeño de vino blanco.
1 vaso pequeño de aceite.
Limón, ajo y perejil fresco.

### Preparación

Se limpian y descabezan las sardinas. Se colocan en una cazuela de barro. Se les echa el vino y el aceite, y se espolvorean con el ajo y el perejil picados. Tras dejarlas cocer un cuarto de hora, se les añade el zumo de limón.

# GRUPO DE PLATOS DE CARNE

## Morteruelo (Cuenca)

### Ingredientes

1 liebre.
Carnes diversas.
500 gr. de manteca de cerdo o vaca.
250 gr. de pan rallado.
1 gallina.
1 hígado de cerdo.
2 cucharaditas de pimentón.
6 nueces y 6 almendras.
Pimienta en grano, canela, clavo, alcaravea y sal, según gusto.

### Preparación

En un recipiente grande de barro, se ponen a cocer las diversas carnes juntas, durante el tiempo necesario para que queden muy cocidas. Se apartan los huesos y partes duras. Se pica la carne, y se mezcla con el pan rallado. Se vuelve a un recipiente grande y se ponen juntas las carnes, el caldo en que cocieron éstas, la manteca o mantequilla, las diversas especias y las nueces y almendras picadas. Se pone a cocer hasta que quede todo muy trabado. Se sirve caliente.

## Morteruelo (Cuenca)

### Ingredientes

½ liebre.
1 perdiz o 2 codornices.
¼ de hígado de cerdo.
¼ de gallina.
¼ de panceta.
250 gr. de pan rallado.
150 cl. de aceite de oliva.
Sal, pimienta molida, pimentón dulce alcaravea, clavo y canela, según gusto.

### Preparación

Se cuecen todas las carnes en un recipiente grande durante el tiempo necesario para queden muy cocidas (serán necesarias dos horas o dos horas y media, según sean de blandas). Se limpian bien de huesos y durezas. Se cortan muy menudo y se reserva el caldo.

En una sartén o cazuela de barro grande, se pone el aceite. Cuando esté caliente, se echa el pimentón unos segundos solamente para que no se queme, se agrega el caldo y todas las especias enumeradas. Al empezar a hervir, se añade el pan rallado y las carnes que habíamos picado. Se deja cocer el tiempo necesario para que quede todo homogéneo y espeso. Se sirve caliente.

## Andrajos con liebre

### Ingredientes

1 liebre.
250 cl. de aceite frito.
2 litros de agua.
1 ajo.
1 cebolla.
200 gr. de harina.
2 tomates.
1 cucharada de pimentón.
Pimienta en grano o molida.
Clavo y azafrán
Sal y hierbabuena al gusto.

### Preparación

Se pone a cocer la liebre troceada con los dos litros de agua al tiempo que se sazona. Cuando esté perfectamente cocida, se le quitan los huesos y durezas.

En una sartén grande se vierte el aceite frito. Se hace un refrito con el ajo, la cebolla y el tomate muy picados. Se añade el pimentón, la sal, el clavo y el azafrán. Se vierte el caldo en que se ha cocido la liebre. Se añade la carne y se deja que cueza todo, removiendo de vez en cuando con la cuchara de palo. Cuando hierva, se espolvorea con la harina poco a poco, procurando evitar los grumos. Se deja hervir todo diez minutos.

## Gazpacho manchego

### Ingredientes

2 tortas especiales para este plato que se venden en el comercio.
½ pichón.

¼ de pollo o gallina.
¼ de conejo.
½ docena de caracoles.
4 níscalos o setas grandes.
Tomate natural, pelado y triturado.
1 pimiento morrón.
1 cabeza de ajos.
1 cebolla pequeña.
2 hojas de laurel.
150 cl. de aceite de oliva.
Sal y pimienta.

### Preparación

En una cazuela de barro plana se sofríen las diversas carnes en el aceite. Se ponen a cocer las carnes en una olla con bastante agua las dos hojas de laurel, los ajos y la cebolla. Se hierve la carne unas dos horas. En la cazuela en que freímos y utilizando el mismo aceite se rehogan los níscalos, los pimientos y el tomate triturado. Se añade este sofrito a la carne con su caldo, se echan los caracoles y una de las dos tortas partidas en pequeños trozos. Se deja hervir todo unos veinte minutos. Se sirve sobre la otra torta, acompañando con miel, pescado, etc.

## Caldereta (Extremadura)

### Ingredientes

3 kg. de carne de cabrito.
1 hígado de cabrito.
6 ajos pesados.
6 pimientos morrones.
2 guindillas.
Sal y pimienta.
200 cl. de aceite de oliva.

### Preparación

Se pone el aceite en una cazuela de barro plana. Se asan los pimientos. Se fríen los trozos de carne, y se echan en un recipiente alto. Se cuece la carne con un vaso de vino y medio vaso de agua y se le añade un majado del hígado, pan rallado, ajos y guindillas. Al final de la cocción, se agregan los pimientos morrones para que cuezan con la carne. Se sirve caliente.

# Caldereta de cordero (Extremadura)

## Ingredientes

1½ kg. de cordero lechal troceado.
150 cl. de aceite de oliva.
3 o 4 ajos picados.
1 guindilla.
Miga de pan.
Pimienta y sal.

## Preparación

Se trocea el cordero en piezas regulares. En una cazuela de barro plana, se pone el aceite y se fríen los ajos picados. Se sazona de sal y pimienta la carne de cordero, y se reserva el hígado.

Una vez dorada la carne, se cubre de agua cociéndola hasta que quede tierna. Se hace aparte un majado del hígado del cordero, la miga de pan y la guindilla. Se pone un poco de canela al gusto y la pasta obtenida se deslíe con un poco de caldo. Se vierte en la cazuela, se rectifica de sal y pimienta y se añade agua caliente, si hubiera poco caldo. Se agregan unas cucharadas de vinagre.

# Gazpacho de conejo (Extremadura)

## Ingredientes

1 conejo, a ser posible de caza.
5 huevos cocidos.
Miga de pan.
6 dientes de ajo.
150 cl. de aceite de oliva.
Sal y pimienta.

## Preparación

Se limpia el conejo, despellejándolo pero sin lavarlo. Se reserva el hígado para el majado posterior. Se hace una mezcla de aceite, vinagre y sal. Se asa el conejo en las brasas o barbacoa, untándolo de la mezcla de aceite, vinagre y sal que hicimos. Se asa igualmente el hígado. Se machacan en el mortero los ajos, sal y las yemas de los huevos duros. Al final se maja también el hígado que asamos anteriormente. En la mezcla de aceite, vinagre y sal se van echando la carne del conejo sacada a tiras, sin los huesos, la pasta que tenemos en el mortero y un poco de pan remojado. Se junta todo, se calienta, se remueve y se sirve.

# GRUPO DE LOS DULCES

Es este, sin duda alguna, el capítulo de recetas de la cocina hispanoárabe en el que más se evidencia la influencia de aquélla en nuestra cocina, siendo extremadamente difícil descubrir las recetas primeras y originales de las derivadas o posteriores. Nos inclinamos por considerar más antiguas aquellas recetas en las que, siendo la almendra, la nuez o los piñones el elemento básico, sólo entra como componente la miel. Entre éstas, con la convicción de no agotar la relación citamos las siguientes:

## Rosas

### Ingredientes

1 docena de huevos.
12 cucharadas de harina.
125 cl. de aceite.
1 cucharadita de matalahúva.
Miel para endulzar.

### Preparación

Se baten muy bien los huevos y el aceite, preferible con los modernos instrumentos culinarios pues es preciso que esté muy bien batido. A continuación, se mezcla la harina y la matalahúva triturada para aumentar el sabor. Se deja reposar la masa.

Se pone abundante aceite en un recipiente hondo, calentándolo previamente. Se introducen los moldes, en forma de rosas u otras flores, y, cuando estén calientes, se meten en la masa preparada sin dejar que ésta los cubra del todo. Se extraen los moldes y rápidamente se sumergen en el aceite caliente. La "rosa" se desprenderá, quedando en el aceite hasta que se dore. Cuando se tengan todas fritas y bien secas de aceite, se sumergen rápidamente en miel y se pasan a una fuente.

# Piñonate

### Ingredientes

3 docenas de huevos.
250 gr. de miel.
Harina en la proporción que requiera el dulce.
2 cucharadas de ajonjolí tostado.
2 cucharadas de canela molida.
¼ kg. de piñones.
½ kg. de almendras fritas.
Aceite.

### Preparación

Se baten los huevos, preferiblemente en batidora eléctrica. Se añade harina hasta que tome consistencia. Se pasa la masa a una superficie adecuada, continuando la labor de amasar con las manos al tiempo que se va añadiendo un poco de aceite hasta que la masa adquiera la consistencia necesaria. Se hacen pequeñas almendras de masa y se fríen en abundante aceite caliente. En la fuente en que vayamos echando estas pequeñas almendras fritas, se añaden los piñones mondados, la canela y el ajonjolí tostado. Se les agrega miel y se mueve el conjunto. Se van haciendo pequeñas piñas con las manos y se envuelven en papel o se colocan en una fuente debidamente distribuidas.

# Alajú

### Ingredientes

Miel.
Pan rallado.
Almendras o nueces.
Esencia de naranja.
Obleas redondas de 20 cm. aproximadamente de diámetro.

### Preparación

Se pone la miel al fuego añadiendo pausadamente el pan rallado, las nueces o las almendras y la esencia de naranja al gusto. Se mezcla todo muy bien, al tiempo que cuece, removiéndolo constantemente.

Se aparta del fuego, se coloca un poco de la mezcla en cada oblea, extendiendo uniformemente, al tiempo que se cubre con otra oblea preparada al efecto y se aplastan ambas en los bordes.

# Alfajores

### Ingredientes

2 kg. de miel.

600 gr. de harina.

1¼ kg. de almendras, avellanas y nueces.

Obleas.

25 gr. de canela

La corteza rallada de 2 naranjas y 2 limones.

Clavo y nuez moscada.

Un poco de aceite, agua y sal.

### Preparación

Se prepara la masa con harina, aceite y agua, trabajando ésta y haciendo pequeños panes que se meten en el horno. Se trituran bien todos los componentes, y se agregan canela, clavo y nuez moscada.

Se pone a hervir la miel. Se echan a ésta, una vez fluida, todos los componentes, dejando las barritas de masa cocida para el final. Se mueve bien con cuchara de palo hasta lograr una pasta homogénea. Con las manos mojadas en anís se va distribuyendo esta mezcla, ya fría, sobre las obleas.

Existe otro tipo de alfajores, más sencillo, en el que sólo se utiliza miel hervida con agua, pan rallado y tostado y almendras peladas y picadas. La forma de hacerlos es cociendo la miel y echando por encima las almendras picadas.

# Recetas de origen o nombre hispano-judío

## Potaje de habas secas

### Ingredientes

1 kg. de habas secas
750 gr. de carne de carnero (en la actualidad, se utilizan diversos productos de cerdo).
1 cebolla.
2 dientes de ajo.
Azafrán, según gusto.

### Preparación

En una olla de barro o cualquier otro recipiente profundo, se ponen las habas secas previamente remojadas desde el día anterior. Se añaden todos los ingredientes en crudo y se cubre de agua fría el conjunto. Se deja hervir despacio hasta que las habas estén tiernas.

## Olla de trigo

### Ingredientes

500 gr. de trigo descascarillado y previamente cocido.
250 gr. de garbanzos remojados.
½ kg. de carne de carnero (actualmente se pone carne y productos de cerdo).
1 pimiento de cornicabra.
1 rebanada de pan frito.
Unas cuantas ramas de hinojo.
Varios granos de pimienta y sal.

### Preparación

Se pone a hervir en un recipiente hondo agua con la carne o los productos diversos de cerdo que se utilizan en la actualidad. Se echan en esta agua los garbanzos y el trigo previamente cocidos, así como el puñado de ramitas de hinojo. Se deja cocer todo junto y se hace aparte un majado con el pimiento, la rebanada de pan frito y la pimienta que se une al guiso. Se deja cocer lentamente hasta que esté en su punto.



# GRUPO DE PESCADO

## Acedías a la judía

### Ingredientes

1 kg. de acedías.
1 cebolla.
3 dientes de ajo
150 cl. de aceite.
Miga de pan
Sal y pimienta.
Zumo de limón o vinagre.

### Preparación

Se limpia el pescado y una vez enharinado, se fríe. Se vierte aceite en la sartén y se fríen los tres ajos que se pasan al mortero, donde se majan con la sal, pimienta, la miga de pan y un poco de aceite para unir el conjunto. Se pone el majado en el aceite de haber frito el pescado, se añade un poco de agua y el medio limón o una cucharada y media de vinagre. Se espera a que hierva esta salsa y se pone en la misma el pescado frito dejándolo cocer unos cinco o siete minutos. Se sirve caliente.

## Truchas a la judía (Zamora)

### Ingredientes

Varias truchas.
Cebollas.
3 cucharadas de harina.
5 o 6 ajos.
Caldo de pescado.
Perejil.
Pimienta, aceite y sal.

### Preparación

Se limpian las truchas. En una cazuela de barro, se fríen los dientes de ajos muy picados.

Se añade la harina y se deja dorar.

Se ponen las truchas en fuente de barro, se vierte sobre ellas la salsa y el caldo, procurando que queden bien cubiertas. Se salpimientan y se hornean durante media hora.

Se colocan en fuente de servir y se echa la salsa, previamente colada, espolvoreando con abundante perejil muy picado.

# Inspiración e influencia de los utensilios de las cocinas hispanoárabe e hispano-judía sobre utensilios de la cocina tradicional española

Cuando desde una visión profana se examinan los utensilios la cocina clásica española, especialmente en el medio rural, no deja de llamar la atención la similitud de formas, colores y destino de tales objetos respecto a los existentes en la España musulmana. En este sentido no son destacables grandes diferencias entre las vajillas, platos, fuentes, jarras, orzas, alcuzas u otros objetos menores de las cocinas hispano-judía e hispanoárabe: son ambas reflejo de una misma sociedad y de idéntica cultura,

La España visigoda había heredado una tradición en el utillaje de la cocina que venia de Grecia y de Roma. Grecia, Roma y las culturas del Egeo habían inventado, por ejemplo[30], la cerámica negra y la roja campaniana que, aunque no profusamente, se dio en el período visigodo anterior al Islam.

El Islam repite modelos de determinados instrumentos metálicos de la España visigoda: ánforas, jarrones, trébedes, platos en bronce, almireces, etc... pero trae consigo una tradición oriental propia en el barro cocido y la cerámica. Los utensilios andalusíes de uso culinario son especialmente anafes, ollas, platos y fuentes planas para horno, cántaros, ánforas y jarros, orzas, etc.., sus colores y formas se van a repetir en nuestra cocina tradicional. Las arcillas que los alfareros hispanoárabes encuentran en la Península Ibérica no son muy silíceas, pero sí ricas en hierro, circunstancia que las hace poco moldeables, pero aptas para cocer en el fuego.

30 Manuel Gómez-Moreno Martínez: *Cerámica medieval español.* Edit. Fidel Giró, Barcelona,1924.

Los utensilios realizados con este barro son, pues, más toscos de forma que los orientales, pero también más idóneos para su utilización culinaria. El interior viene revestido por resinas y otras substancias impermeabilizantes pura impedir la porosidad y el mal sabor de los alimentos por descomposición de materias orgánicas.

Los objetos de cerámica de la cocina andalusí –especialmente los platos, soperas, etc.– tienen una original influencia bizantina (que hace pensar en unos primeros artesanos venidos a Occidente huyendo del dominio islámico en Oriente) pero estos objetos más tarde cobran identidad y caracteres propios diferentes del arte islámico de Oriente.

En cada región o lugar de la Península Ibérica estos utensilios tendrán características propias: formas geométricas estilizadas a la manera bizantina en los utensilios y cerámicas cordobesas caligrafías cúficas y principios de la cerámica dorada, venida de Oriente, en Málaga y que luego pasará a Levante; colores propios, austeros, en la cerámica sevillana; el verde y el azul en Granada que luego heredará Fez, etc.

El final de Al-Andalus, con la pérdida del comercio marítimo por el Reino nazarí de Granada, hará que los hornos y alfareros andalusíes se desplacen hacia los reinos cristianos de Levante. Será el comienzo de las cerámicas valenciana y catalana: un arte islámico se hace cristiano y lleva su impronta a los objetos de la cocina clásica española a través de los siglos.

No debemos olvidar los estudios de Zozayas, Retuerce, Torres Balbás, Roselló Bordoy y otros muchos especialistas en sus intentos de establecer criterios en la tipología de la producción cerámica andalusí y en la correspondencia con útiles de la cocina española actual e histórica: anafes, pebeteros, atanores o brocales de pozo, etc., lo evidente para nuestra percepción es la identidad de inspiración, técnicas y sensibilidad de los artesanos actuales y de pasados siglos.

# BIBLIOGRAFÍA

## Sobre la cocina hispanoárabe


ABD RABBIHI: *Kitab al-'iqd al-farid*, El Cairo, sin fecha.

AL-'ARBULÍ: *Kitab al-'agdiya*. Texto y traducción: Amador Díaz García "Un tratado nazarí de alimentación" en *Estudios de Historia Medieval*, Granada, 1981 y 1983.

AL-SAQATI: *Kitab fi 'adab al-hisba'*, Colin G.-Levi Provençal.

AMATE, P.: *Cocina y gastronomía del antiguo Reino de Granada*, Granada, 1991.

AVI GANOR y RON MAIBERG: *El sabor de Israel*. Hong Kong, 1995.

BOLENS, L.: *La cocina andaluza, un arte de vivir. Siglos XI-XIII*. Madrid, 1991.

CORRIENTE, F.: *Apostillas de lexicografía hispano-árabe*. II Jornadas de Cultura Árabe e Islámica, Madrid, 1980.

DAWUD AL-YALABI: *Kitab al-tabij al-katib Al-Bagdadi*, Mosul, 1934.

DE LA GRANJA SANTAMARÍA, P. Resumen de la Tesis Doctoral sobre el manuscrito titulado "Kitab Fadalát al-jiwán" de Ibn Razin Al-Tuyibi, Madrid, 1954.

DOZY R. y W.W. ENGELMANN: *Glossaire des mots espagnols et portugais dérivés de l'arabe*, Leyden, 1869.

GARCÍA ALBORS, E.: *Dulces y peladillas de Alcoy*, Alcoy, 1973.

HUICI MIRANDA, A.: *Libro sobre la cocina en África del Norte y en Andalucía en el tiempo de los almohades* ("Kitab al-tabih fi-l-Magrib wa-l-Andalus"), Madrid, 1966.

IBN 'ABDUN: "Traité de hisba". E. Levi Provençal en *Seville musulmane au debut de XIIème siècle*, París, 1947.

MARÍN, M.: *Sobre Buran y buraniyya*, "Al-Qantara II", 1981.

MOSHE SHAUL, ALDINA QUINTANA RODRÍGUEZ y ZELDA OVADIA: *El gizado sefaradí*. Zaragoza, 1995.

PARDO DE FIGUEROA, M. "EL DOCTOR THEBUSSEM": *Los alfajores de Medina Sidonia*, Madrid, 1882.

RODINSON, M.: "Recherches sur les documents arabes relatifs à la cuisine", en *Revue des Études Islamiques*, 1949.

RUPERTO DE NOLA: *Libro de Guisados, Manjares y Potajes*, Toledo, 1525.

ROSELLÓ BORDOY, G.: *El nombre de las cosas en Al-Andalus: una propuesta de terminología cerámica*, Palma de Mallorca 1991.

VILLENA, DON ENRIQUE DE: *Arte Cisoria*, Madrid,1766.


## Sobre la cocina hispano-judía


ABBOU, IS. D.: *Musulmans andalous et judeo-espagnols*, Casablanca, 1953.

ALTIMIRAS, J.: *Nuevo Arte de Cocina. Sacado de la Escuela de la Esperiencia Económica*, Madrid, 1745.

BADI, M.: *La cocina judeo-española*, Barcelona, 1985.

BENARROCH, C.: *Ojeada sobre el judeoespañol de Marruecos*, Madrid, 1970.

BENARDETE, K. J.: *Hispanismos de los sefardíes levantinos.*

BENBASSA, E.: *Cuisine judéo-espagnole: recettes et traditions*, París, 1984.

BENOLIEL, J.: *Dialecto judeo-hispano-marroquí o Hakitía*, Madrid, 1977.

BENSASSON, K J.: *Los israelitas españoles*, Alicante, 1905.

BENTATÁ, J.: *La cultura española como enlace no solamente de los diversos núcleos sefardíes con la Península, sino también de los distintos centros dispersos entre sí*, Madrid, 1970.

BESSO, H.V.: *Los sefardíes y el idioma castellano.* Nueva York, 1968.

CANTERA ORTIZ DE URBINA, J.: *Los sefardíes*, Madrid, 1965.

CARMONA-BENVENISTE LAURENT: *Les séphardins ou juifs portugais. La race judéo-iberienne,* París, 1939.

DAVID, M. *A drizzle of honey: The lives and recipes of Spain secret Jews.* Edit. St. Martin's Press, Nueva York, 1999.

ESTRUGO, J.M.: *Los sefardíes*, La Habana, 1958.

*Datos y apuntes sobre los sefardíes*, Madrid, 1959.

FISHLEDER DE LANDAU, R.: *Libro de Oro de la Cocina Hebrea*, Caracas, 1990.

GILDA, ÁNGEL: *Sephardic holiday cooking*, Mount Vernon, 1986.

JUDERÍAS, A.: *Viaje por la Cocina Hispano-judía*, Madrid, 1990.

LEROY, B.: *L'aventure séfarade*, París, 1986.

*Les Ménirs, une famille sépharade à travers les siècles*, París, 1985.

MALKA, V.: *Les juifs sépharades*, París, 1986.

MORABIA, A.: *Cultures juives méditerranéennes et orientales,* París, 1982.

NEHAMA, J.: *Dictionnaire du judéo-espagnol*, Madrid, 1977.

PASCUAL RECUERO, P.: *Diccionario básico ladino-español*, Barcelona, 1977.

RENARD, R.: *Sépharad. Le monde et la langue judéo-espagnole des Séphardins*, París, 1966.

SHAUL, J.: *El destierro y la simiente.* Edit. Eselangá, 1990.

STERNBERG, R.: *La cocina sefardí: la riqueza cultural de la saludable cocina de los judíos mediterráneos.* Edit. Zendrera Zariquey, Barcelona, 1998.

THE SEPHARDIC COOKS, Atlanta, 1977.

KLEPFISZ, H.: *El impacto hebreo en la cultura occidental*, Panamá, 1975.

VIDAS LEVY, E. DE: *Sephardic cookery*, Nueva York, 1983.

VILAR RAMÍREZ, J. B.: *La judería de Tetuán (1489-1860) y otros ensayos*, Murcia, 1969.

WHAT'S COOKING IN THE SEPHARDIC JEWISH KOSHER, Houston (Texas), 1987.

WIGODER, G.: *Art et civilisation du peuple juif*, París, 1973.

**Sobre la cocina española**

## Cocina clásica española


ALTIMIRAS, JUAN: *Nuevo Arte de Cocina. Sacado de la Escuela de la Esperiencia Económica*, Madrid, 1745.

AVIGNON, JUAN DE: *Tratado de Medicina*, Sevilla, 1418.

BAEZA, MIGUEL DE: *Arte de confitería.*

GRANDE, DIEGO DE: *Libro de Arte de Cocina.*

MARTÍNEZ MONTIÑO, FRANCISCO: *Arte de cocina, pastelería, vizcochería y conservería*, Ed. facsímil, 1962.

*Arte de cocina a usanza española, italiana y tudesca.*

NOLA, RUPERTO DE: *Libro de Guisados, Manjares y Potajes*, Toledo, 1525.

VILLENA, ENRIQUE DE: *Arte Cisoria*, Madrid, 1766.


## Cocina española contemporánea


BELTRÁN MARTÍNEZ, A.: *Cocina aragonesa*, Zaragoza, 1985.

CUNQUEIRO, A.: *La cocina cristiana de Occidente*, Barcelona, 1981.

DOMINGO, X.: *Cuando sólo nos queda la comida*, Barcelona, 1980.

*La mesa del Buscón: en homenaje a Don Francisco de Quevedo y Villegas con ocasión de su centenario,* Barcelona, 1981.

*De la olla al mole*, Madrid, 1984.

CAMBA, J.: *La casa de Lúculo o el arte de comer*, Buenos Aires, 1937.

COROMINAS, J.: *Diccionario crítico etimológico castellano e hispánico*, Madrid, 1980.

DELGADO, C.: *Diccionario de gastronomía*, Madrid, 1985.

DICCIONARIO DE AUTORIDADES, Madrid, 1732.

ENTRAMBASAGUAS Y PEÑA, J. DE: *Brújula de gastronomía y otros ensayos gastronómicos*, Madrid, 1976.

FIDALGO, J.A.: *Gastronomía de Castilla y León*, Valladolid, 1984.

GARCÍA-MORENO AMADOR, E.: *Viaje alrededor de la gastronomía toledana*, Toledo, 1985.

GASTRONOMÍA Y COCINA GADITANA, Cádiz, 1992.

GAVALDA, A.G.: *La gastronomía a través de la Historia,* Barcelona, 1954.

GOURMETOUR: *Guía gastronómica de España*, Barcelona, 1984-85.

LACALLE, J.: *El gran libro de la cocina andaluza*, Málaga, Arguval, 1990.

MAPELLI, E.: *Papeles de gastronomía malagueña*, Málaga, Arguval, 1984.

*Varia noticia del buen comer andaluz*, Málaga, Arguval, 1984.

MILLO, L.: *Divagaciones sobre gastronomía clásica*, Valencia, 1974.

*La gastronomía de la Comunidad Valenciana*, Castellón, 1984

MURO, A.: *Conferencias culinarias*, Madrid, 1890.

PARDO DE FIGUEROA, M. "EL DOCTOR THEBUSSEM": *Yantares y conduchos de los Reyes de España*, Madrid, 1877.
*Los alfajores de Medina Sidonia*, Madrid, 1882.
PASCUAL, C.: *Guía gastronómica de España*, Madrid, 1977.
PÉREZ, DIONISIO: *Guía del buen comer español,* Madrid, 1976.
PERRINO RODRÍGUEZ, F.: *Exposición gastronómica*, Madrid, 1977.
RECETARIO DE COCINA EXTREMEÑA. ESTUDIO DE SUS ORÍGENES. Badajoz, 1985.
REVEL, J. P.: *Un festín en palabras: historia literaria de la sensibilidad gastronómica de la Antigüedad a nuestros días*, Barcelona, 1980.
SCHRAEMLI, H.: *Historia de la gastronomía*, Barcelona, 1982.
SIMO SANTONJA, V.L.: *Diccionario gastronómico valenciano*, Valencia, 1978.
SIMON PALMER, C.: *Bibliografía de la gastronomía española*, Madrid, 1977.
VÁZQUEZ MONTALBÁN, M.: *L'art del menjar a Catalunya*, Barcelona, 1977.
*L'art del menjar a Catalunya: crónica de la resistencia dels senyals d'idéntitat gastronómica catalana,* Barcelona, 1984.
*Tiempo para la mesa*, Barcelona, 1986.
VEGA, A. DE: *Guía Gastronómica de España*, Madrid, 1957.
VEGA, L.A. DE: *Viaje por la cocina española*, Madrid, 1969.

### Cocina regional española

COCINA REGIONAL ESPAÑOLA, Sección Femenina de FET y de las JONS, Madrid, 1963.
CENTENO, J.M. y ZARZA, F.: *Cocina regional*, Bilbao, 1979.
DÍAZ VIÑAS, P.: *La España dulce*, Madrid, 1989.
PÉREZ,P. D.: *Guía del buen comer España: inventario y loa de la cocina de España y sus regiones*, Madrid, 1976.

### Sobre utensilios de la cocina española

GÓMEZ-MORENO MARTÍNEZ, M.: *Cerámica medieval española*, Barcelona, 1924.
FEDUCHI, L.M.: *Historia del mueble*, Madrid, 1966.
*Interiores*, Madrid, 1951.
FEHERVARI, GEZA: *Islamic metalwork of the eight to the fifteen century in the Keir collection.*
MIRALLES, A.: *La decoración: historia del mueble y de las artes decorativas*, Madrid, 1976.
ROSELÓ BORDOY, G.: *El nombre de las cosas en Al-Andalus: una propuesta de terminología cerámica,* Palma de Mallorca, 1991.
SCHMITZ, H.: *Historia del mueble desde la Antigüedad hasta mediados del XIX*, Barcelona, 1927.

# ÍNDICE